# LE COMPLEXE D'UBU
# OU
# LA NÉVROSE LIBÉRALE

DU MÊME AUTEUR

*Dolto expliquée aux parents*, L'Archipel, 1998 ; J'ai lu, 2001.

*La Psychanalyse sans complexes*, L'Archipel, 2000 ; J'ai lu, 2003.

*Telle fille, quel père ?*, L'Archipel, 2002.

*La Psychanalyse*, Le Cavalier bleu, coll. « Idées reçues », 2002.

courriel : jeanclaude.liaudet@wanadoo.fr

Jean-Claude Liaudet

# Le complexe d'Ubu
# ou
# la névrose libérale

Fayard

*Ma gratitude va à Roger Zagdoun : c'est sur la base de son travail que l'idée de ce livre m'est venue.*

*Je remercie Bernard Roland pour ses conseils, et aussi pour avoir suivi le fil d'une position psychanalytique qui s'écarte parfois de la sienne ; ainsi que Mathias Lair pour ses conseils rédactionnels.*

*Il y a un inconscient des peuples.*
Sigmund FREUD, *L'Homme Moïse et la religion monothéiste.*

*L'inconscient, c'est la politique.*
Jacques LACAN, *La logique du fantasme.*

*Les deux mécanismes, celui du développement culturel de la masse et celui du développement propre à l'individu, sont pour ainsi dire régulièrement et intimement accolés l'un à l'autre.*
Sigmund FREUD, *Malaise dans la civilisation.*

*Chaque individu participe de plusieurs âmes collectives, de celles de sa race, de sa classe, de sa communauté confessionnelle, de son État, etc., et peut, de plus, s'élever à un certain degré d'indépendance et d'originalité.*
Sigmund FREUD, *Totem et Tabou.*

*On entend dire partout qu'il n'y a rien à opposer à la vision néo-libérale, qu'elle parvient à se présenter comme évidente, comme dépourvue de toute alternative. Si elle a cette sorte de banalité, c'est qu'il y a tout un travail d'inculcation symbolique auquel participent, passivement, les journalistes ou les simples citoyens, et surtout, activement, un certain nombre d'intellectuels.*
Pierre BOURDIEU, « Le mythe de la "mondialisation" et l'État social européen », in *Contre feux.*

*Le monstre n'a pas qu'un visage, celui de la répression tyrannique; il a aussi celui de la liberté sans limite.*
Jean-Pierre LEBRUN, *Les Désarrois nouveaux du sujet.*

*Comment pourrions-nous deviner qu'ils sont nus dans leur forteresse vide, en proie aux coliques que provoque l'ingestion forcenée de dividendes? Comment en finirons-nous avec ceux qui n'ont plus d'existence si nous ne commençons pas d'exister par nous-mêmes.*
Raoul VANEIGEM, *L'Ère des créateurs.*

# Sommaire

# Introduction

## Psychanalyse et névrose collective

Décrire le libéralisme comme un style de traitement des désirs fondamentaux auquel chacun doit faire face, c'est-à-dire comme un système de jouissances, d'idéaux et de refoulements, autrement dit une névrose collective dans le cadre de laquelle se structurent les individus : tel est le projet que nous nous fixons, dans la lignée des auteurs qui, depuis la naissance de la psychanalyse, ne cessent d'interroger l'articulation entre individuel et collectif.

Posons le problème avec Félix Guattari : « Le langage renvoie à la totalité de tout ce qui se dit en tous lieux, non seulement par telles et telles personnes, mais également par telles et telles machines économiques. Qui parle lorsque le ministre des Finances modifie d'un pour cent le taux d'escompte et que, ce faisant, il change le pouvoir d'achat immédiat des consommateurs et infléchit des millions de projets individuels ? Le ministre, sans doute ? Tout au moins le ministère ! Mais qui est sujet de la chaîne signifiante concernée ? À travers quels chaînons de communication, quelles trames de langage trouvera-t-on la clé, la vérité, d'un arrêté ministériel ? Une parole de ministre ne renvoie évidemment pas à l'intimité du personnage mais aux rapports de production et aux contradictions régissant les sociétés industrielles, à quelque chose qui se passe peut-être entre Moscou, Washington, Pékin, Léopoldville... Dès lors est-il abusif de parler de sujet au niveau d'une classe ou d'un État[1] ? » Telle est la question : peut-on repérer, au niveau collectif, des effets que les concepts de sujet, d'inconscient, de névrose permettraient de comprendre ?

Et puisque en psychanalyse tout commence avec Freud, il n'est pas sans intérêt de rappeler les indications qu'il a lui-même laissées en ce sens. Tout d'abord celle-ci, qui ouvre son texte *Psychologie collective et analyse du moi*[2] : « La psychologie collective est la plus ancienne psychologie humaine ; les éléments qui, isolés de tout ce qui se rapporte à la foule, nous ont servi à constituer la psychologie individuelle ne se sont différenciés de la vieille psychologie collective qu'assez tard, progressivement et d'une manière qui, de nos jours encore, est très partielle. »

Dans le même texte, Freud décrit les foules qu'il qualifie de conventionnelles, comme l'armée et l'Église. Il s'agit de groupes dont le fonctionnement s'apparente par bien des aspects à celui d'une société dans sa totalité. Dans l'Église et dans l'armée, dit-il, « règne la même illusion, celle de la présence, visible ou invisible, d'un chef qui aime d'un amour égal tous

1. Félix Guattari, « Réflexions quelque peu philosophiques sur la psychothérapie institutionnelle », *Recherches*, n° 1, 1966.
2. In *Essais de psychanalyse*, Payot, 1963.

les membres de la collectivité. Tout le reste se rattache à cette illusion». De même, dans le monde féodal, c'est la société entière qui vit cette illusion autour du dieu, le père céleste, et du roi, le père social. Dans nos républiques modernes, la mère patrie aime tous ses enfants. Ce «chef aimant» peut ne pas être une personne mais une institution, comme l'État démocratique, ou un idéal, comme le communisme dans les sociétés socialistes.

Une telle organisation libidinale collective est soutenue par un discours mythique et des rituels qui donnent de la chair à cette illusion. Car le principe d'amour souvent incarné par une personne, clé de voûte du système, n'est pas directement accessible. Les pompes de la messe comme celles de l'Élysée[3] sont là pour soutenir la croyance, condenser de l'affect, jusqu'à créer des états que l'on peut avec Freud comparer à l'hypnose. Il n'en faut pas moins pour que chaque membre de la société situe là quelque chose de son idéal. Pour que cet objet d'amour prenne la place de l'*idéal du moi*[4] en chacun des membres de la société.

---

3. Lieu du séjour des dieux grecs avant d'être celui des présidents de la République française.

4. Concept psychanalytique : on peut dire que tout commence avec le délire des grandeurs du petit enfant, quand son narcissisme est encore triomphant. Avec les épreuves imposées par la réalité, la dimension narcissique perd sa suprématie et intègre des images extérieures (d'abord celle des parents) pour former une instance de la personnalité, au même titre que le *moi* ou le *surmoi* (intégration des interdits parentaux jouant le rôle d'un censeur à l'égard du *moi*). Cette instance intérieure constitue un modèle auquel le sujet cherche à se conformer – et vis-à-vis duquel il s'évalue négativement, dans la mesure où il ne satisfait pas à ses exigences. Dans l'*idéal du moi*, les idéaux sociaux transmis inconsciemment par les parents viennent étayer le narcissisme individuel... pour autant que le sujet s'y adapte.

Car c'est ainsi que Freud présente le fonctionnement des foules conventionnelles : *leurs membres ont tous remplacé leur idéal du moi par le même objet.*

C'est parce que des individus partagent le même idéal qu'ils composent un groupe ou une société. Chacun s'identifie à l'autre, chaque autre est un autre *moi*, car tous partagent très intimement le même idéal – le même *idéal du moi.* Intimement parce que, pour reprendre les mots de Freud, « chaque individu est rattaché par des liens libidinaux au chef d'une part, et à tous les autres individus composant la foule d'autre part ». Ainsi se fonde une identité collective. Déjà, dans « Pour introduire le narcissisme », Freud insistait sur ce point : « De l'idéal du moi une voie importante conduit à la compréhension de la psychologie collective. Outre son côté individuel, cet idéal a un côté social, c'est également l'idéal commun d'une famille, d'une classe, d'une nation[5]. » Ainsi, être français, c'est partager avec les autres Français un même idéal, incarné notamment dans la République.

*Psychologie collective et analyse du moi* décrit l'union par l'amour, alors que *Totem et Tabou* s'attache à l'union par la haine. Les deux sont nécessaires pour qu'il y ait du collectif.

Dans sa lettre à Ferenzci du 1er mai 1913, alors qu'il est en train d'écrire *Totem et Tabou,* Freud explique combien son travail lui paraît novateur : « Depuis *L'Interprétation des rêves*, je n'ai rien écrit avec plus de conviction, c'est pourquoi je pense prédire le destin réservé à cet essai [...]. Voici mon

5. « Pour introduire le narcissisme », in *La Vie sexuelle*, PUF, 1969.

impression : je ne voulais avoir qu'une petite liaison et me voilà forcé, à mon âge, d'épouser une nouvelle femme. » Ce mariage forcé, contre quoi s'élève l'idéologie utilitariste et individualiste à laquelle il reste en même temps attaché, c'est celui de l'individuel et du collectif.

Dans *Totem et Tabou*, qu'il qualifie de « mythe scientifique », Freud fait le récit de la naissance des civilisations humaines. Après avoir tué et dévoré le chef de la horde primitive, les frères se disputent pour prendre sa place afin de jouir des femmes qu'il se réservait toutes. Plutôt que de rester dans une situation de concurrence où s'entretuer, ils finissent par trouver un accord. Renonçant à leur désir, et faisant de la volonté d'exclusivité du père primitif une loi intériorisée dictée par le père mort et idéalisé[6], tous s'interdisent les femmes de la horde, établissant, avec le tabou de l'inceste et la règle de l'exogamie, les fondements des échanges sociaux, de la religion et de la morale. Ainsi, avant d'être individuel, l'œdipe est un complexe culturel qui structure le mode pulsionnel de chacun ; un contenant collectif, que Freud décrit parfois comme un système qui obéirait aux mêmes lois qu'un système psychique individuel : « Les dogmes des diverses religions présentent le caractère de symptômes névrotiques, mais échappent à la malédiction de l'isolement individuel en tant que phénomènes collectifs. »

Ainsi, l'individuel procède du collectif. Accepter cette idée représente une quatrième humiliation, à quoi s'opposent le christianisme comme le libéralisme,

6. Ainsi, ce qui était un obstacle extérieur, à savoir la volonté du tyran, devient une loi intériorisée par le jeu de la culpabilité et de l'idéalisation.

tous deux idéologies individualistes du salut[7]. La première humiliation, d'ordre cosmologique, a consisté à reconnaître avec Copernic que la Terre n'était pas au centre du monde; la deuxième, d'ordre biologique, à admettre la filiation de l'homme avec l'animal. Avec la psychanalyse, une troisième humiliation s'est fait jour : le sujet s'est trouvé divisé, l'inconscient l'a fait étranger à lui-même. Et voilà que l'inconscient déborde l'individuel; même lui n'est pas maître en sa demeure prétendument obscure... Lacan le dira après Freud : l'inconscient, c'est la politique.

On pourrait en rester à cette idée que l'individuel procède du social. Et dire avec Freud, toujours, que «chaque individu participe de plusieurs âmes collectives, de celles de sa race, de sa classe, de sa communauté confessionnelle, de son État, etc., et peut, de plus, s'élever à un certain degré d'indépendance et d'originalité[8]».

Mais lui-même nous invite à pousser plus loin. À la fin de *Totem et Tabou*, il se sent obligé de répondre à une objection qu'on ne peut pas ne pas lui faire, en s'autorisant, dit-il, une «audace» : «Il n'a pu échapper à personne que nous prenons partout pour fondement l'hypothèse d'une psyché de masse dans laquelle les processus psychiques s'accomplissent comme dans la vie psychique d'un individu.» Une psyché de masse qui permet une transmission inconsciente entre les générations. Car, ajoute-t-il, «si les processus psychiques d'une génération ne se

7. L'un par l'élection divine qui viendra à la fin des temps, l'autre par la réussite économique.

8. *Totem et Tabou : quelques concordances entre la vie psychique des sauvages et celle des névrosés*, Gallimard, 1993.

continuaient pas dans la suivante, chacune d'entre elles serait obligée d'acquérir son attitude à l'égard de la vie en recommençant depuis le début ; il n'y aurait donc pas de progrès dans ce domaine, et pratiquement pas d'évolution ».

C'est pourquoi, dans *L'Homme Moïse et la Religion monothéiste*[9], il estime qu'« il est possible de faire un rapprochement entre l'histoire de l'espèce humaine et celle de l'individu. Cela revient à dire que l'espèce humaine subit, elle aussi, des processus agressivo-sexuels qui laissent des traces permanentes bien qu'ils aient été, pour la plupart, écartés et oubliés ». Aussi décrit-il, toujours dans le même ouvrage, les avatars de ce que l'on pourrait qualifier d'appareil psychique collectif.

En effet, Freud décrit l'apparition du christianisme comme le résultat de *refoulements* et de *retours du refoulé*. Longtemps après avoir tué Moïse l'Égyptien, dit-il, les tribus juives firent de lui un prophète et adoptèrent sa religion. Mais la restauration dans ses droits du père des tribus ne lavait pas la culpabilité liée à son meurtre. « Il semble qu'un sentiment croissant de culpabilité se soit emparé du peuple juif, et peut-être même de tout le monde civilisé de cette époque, sentiment qui laissait présager le retour de ce qui avait été refoulé. » Il en fut ainsi jusqu'au jour où, prenant le parti d'un agita-

---

9. Gallimard, 1948. Freud a d'abord voulu appeler *Moïse, un roman historique* ce texte qui a paru l'année de sa mort. C'est un ouvrage longuement médité. Un roman, puisqu'il s'agit d'interpréter les fables que sont les mythes religieux. Historique, parce que Freud estime que, de même qu'on retrouve toujours un événement réel au départ d'un fantasme individuel, le mythe conserve un événement réel vécu par une collectivité.

teur « politico-religieux » qu'il n'avait pas connu, le juif romain Paul de Tarse, « s'emparant du sentiment de culpabilité, le ramena très justement à sa source historique en lui donnant le nom de péché originel : un crime avait été commis envers Dieu et la mort seule pouvait le racheter ». Rachat pour lequel Jésus se serait sacrifié. La haine entre juifs et chrétiens trouve ici ses fondements. « C'est à une époque très éloignée que la haine contre les juifs a pris racine et c'est de l'inconscient des peuples qu'elle émane[10]. » L'inconscient des peuples, Freud *dixit*.

De même, dans *Malaise dans la civilisation*, Freud pose que le développement culturel collectif et le développement individuel sont couplés l'un à l'autre, à tel point qu'il applique au collectif les instances de la psyché individuelle. Il y a, dit-il, un *surmoi culturel* (*Kulturüberich*), qu'il dénomme également collectif. Dans la cure, il entend se manifester à bas bruit les exigences du *surmoi* de son patient. « Les rend-on conscientes, on constate alors qu'elles coïncident avec les prescriptions du surmoi collectif contemporain[11]. » Il y a une contemporanéité du *surmoi* individuel et du *surmoi* collectif. L'histoire de l'un procède de l'histoire de l'autre. C'est pourquoi, quand le collectif délire et transgresse l'interdit fondamental du meurtre par des passages à l'acte de masse, l'individu a moins besoin de délirer : c'est ce que l'on constate en temps de guerre dans les hôpitaux psychiatriques.

Ainsi, dans un mouvement interactif, si le collectif fait le sujet individuel, ce que des individus inventent

10. *L'Homme Moïse et la Religion monothéiste*, *op. cit.*
11. *Malaise dans la civilisation,* PUF, 1971.

de singulier s'inscrit dans le collectif à travers le jeu des générations. *L'Homme Moïse* en est une illustration.

On aura donc l'audace, pour reprendre le mot de Freud, de penser le collectif en psychanalyse, et de faire appel aux concepts de *sujet collectif*, d'*inconscient collectif* et de *névrose collective* développés depuis plus de vingt ans par Roger Zagdoun [12]. Avec lui, on soutiendra que l'individu est structuré par la *névrose collective* selon trois niveaux d'identification.

Au niveau familial, l'individu est inscrit dans l'ordre des générations, et donc dans une filiation ; il se situe dans une identité sexuelle définie par des idéaux collectifs que l'enfant intègre au moment de l'œdipe en s'identifiant à ses parents (en les constituant comme *idéal du moi*, tel que décrit plus haut).

Au niveau du groupe, l'individu acquiert une identité sociale liée aux différents groupes auxquels il appartient (école, profession, classe sociale, etc.).

L'individu acquiert enfin une identité collective qui comprend deux dimensions : une dimension *imaginaire* liée à la culture (dont la religion, puis les idéologies qui lui succèdent, comme le marxisme ou le libéralisme) et une dimension *réelle* liée à l'histoire. Ainsi le sujet individuel s'articule-t-il à un *sujet collectif réel* incarné par l'État et à un *sujet collectif imaginaire* incarné par les idéaux de sa culture et leurs représentants institutionnels.

Quand la *névrose collective* fonctionne harmonieusement, ces trois niveaux sont en cohérence. C'est pourquoi, par exemple, la famille reprend à

---

12. Notamment dans *Œdipe le garçon, la prohibition de l'inceste et la fonction paternelle*, Encre, 1979, et dans *Droite et gauche, paranoïaques et déprimés*, Encre, 1986.

son niveau la dimension collective présente dans la langue maternelle, comme la dimension symbolique, représentée par le père de famille (sous le patriarcat).

De même que l'on peut appeler *sujet individuel* un «je parlant» qui cherche à unifier les différentes tendances de son *moi*, on peut appeler *sujet collectif* le «nous», sujet d'un discours au pluriel (énoncé par des individus) unifiant les différents groupes d'une société[13]. Ainsi les groupes sociaux de l'Hexagone, qu'ils soient ethnies, associations régionales, professionnelles, ou encore classes sociales, ont en commun, par-delà leurs différences, les idéaux incarnés dans la République française. Ensemble, ils forment la collectivité française.

Pour Zagdoun, «chacun s'intègre à la névrose collective de sa culture par une névrose d'adaptation qui lui permet de faire l'économie des symptômes individuels[14]». Névrose d'adaptation par laquelle l'individu se structure : l'*idéal du moi* de l'individu

13. L'articulation de l'individuel et du social ne répond pas aux caractères de la logique aristotélicienne. On peut plutôt la penser sous la figure du nœud borroméen lacanien, qui permet de penser l'imaginaire, le réel et le symbolique comme à la fois le même et le différent. Castoriadis l'énonce à sa manière quand il écrit : «Ce que nous appelons individu, c'est la société sous sa forme matérielle, concrète. [...] Il en est ainsi car l'individu est un produit de la société, une fabrication sociale moyennant laquelle la société se perpétue et déjà existe réellement» (*La Création humaine*, vol. 1 : *Sujet et vérité dans le monde social-historique*, Seuil, 2002). Dans le même temps, la société, c'est l'individu. La langue, création sociale des générations qui nous ont précédés, n'existe pas en elle-même, sinon de façon abstraite, ou potentielle. Aucun dictionnaire n'existe sans un lecteur pour le faire vivre. De même, aucune règle sociale ou familiale n'existe tant que personne ne la met en œuvre. Ainsi le collectif est-il ce qu'opèrent les individus.

14. *Droite et gauche*, *op. cit.*

fait siens les idéaux collectifs, son *surmoi* reprend à son compte les interdits collectifs. Les symptômes de l'individu sont ceux de la société, autant qu'ils sont liés à son histoire singulière.

Si la névrose[15] de l'individu est un reflet de la névrose collective, son bonheur dépend de cette dernière. Si la névrose collective est « bonne », c'est-à-dire si elle permet un compromis économique entre les pulsions du *ça* et les exigences du *moi*, elle favorise alors chez l'individu des symptômes de bon aloi, comme par exemple, dans notre société, le bonheur pris à l'ordre, la rigueur et la propreté, le goût pour la concurrence, la rage de vaincre dans le stade, une acceptation du masochisme chez les femmes en société patriarcale, la joie de se soumettre à la loi faite par le chef dans l'entreprise, etc.

Si, par suite de changements historiques et culturels, la névrose collective se déstructure, elle favorise chez l'individu des symptômes pathologiques qui, dans un second temps, peuvent se projeter sur le collectif et le transformer. La nouvelle névrose collective, cette fois pathologique, va produire des individus adaptés à ses caractéristiques… Exemple : le délire persécutif d'un petit groupe de nationaux-socialistes et son

15. Le mécanisme de la névrose : le *moi* refuse d'accueillir une pulsion du *ça* et, s'opposant à sa satisfaction, il la refoule. La pulsion censurée refuse ce destin, et trouve à s'exprimer par des voies déguisées. C'est ce qu'on appelle un symptôme. Celui-ci serait pure et clandestine jouissance si le *moi* ne démasquait ses travestissements et ne relançait son combat. On nommera donc névrose tout système de compromis à peu près stable entre les pulsions du *ça* et les exigences du *moi*, se manifestant par des symptômes, pathologiques ou non. Vient ensuite la question du style : les symptômes seront de type phobique, obsessionnel, hystérique, dépressif, paranoïaque, pervers…

passage à l'acte[16]. Le symptôme devenu collectif entraîne en retour la restructuration pathologique des individus. Eichmann estime qu'il n'a fait qu'exécuter les ordres. Banalité du mal.

C'est sur ces bases que nous tentons de décrire ici la névrose collective libérale dont on voit apparaître les premiers signes au XVII^e^ siècle, et de comprendre ses effets au niveau individuel.

Pour mieux définir ses caractéristiques, il est utile de repérer à quel système elle succède. On sait que la névrose ou la psychose d'un individu est le résultat de ce qui s'est élaboré dans une suite de générations. En est-il de même au niveau collectif ? Le libéralisme se construit comme antithèse, pratiquement terme à terme, de ce que l'on peut appeler la névrose collective chrétienne – laquelle se caractérise essentiellement par sa logique patriarcale, que l'on peut comprendre comme une tentative ratée de résolution de la problématique œdipienne.

Il apparaît, dans la suite de ce que les premiers psychanalystes avaient déjà avancé, que la névrose collective libérale emprunte la plupart de ses traits à l'organisation sadique-anale. Après avoir rappelé les caractéristiques clés de cette dernière, c'est à partir de là que la névrose collective libérale est décrite : son désir, ses objets d'amour, son mécanisme de défense pervers, ses idéaux spécifiques et son refus de la loi – ainsi que la névrose individuelle, essentiellement narcissique, qui permet à l'individu de s'y adapter.

16. Voir Roger Zagdoun, *Hitler et Freud, un transfert paranoïaque, ou la Genèse incestueuse d'un génocide et les persécutions aujourd'hui*, L'Harmattan, 2002.

Comment la névrose libérale pourrait-elle être dépassée ? Il est impossible de prévoir ce que les sociétés humaines vont créer. L'Histoire n'est-elle pas une suite de surprises, compréhensibles (pour autant qu'elles le soient) après coup seulement ? Une seule certitude : elle n'est pas le résultat d'une prétendue marche du progrès. On peut néanmoins s'inspirer des caractéristiques de la résolution de l'œdipe pour envisager les grands traits d'un scénario postlibéral.

Encore un mot, à propos du choix d'écriture. La composition en fragments peut surprendre. Je n'ai pas voulu gommer les solutions de continuité de ma réflexion en « restaurant » les apparences d'une coulée logique. J'ai préféré développer un jeu de répétitions et de variations qui me semble propice à la construction d'une signification. C'est, après tout, ce qui se passe dans une cure analytique. J'y vois également une prise de position vis-à-vis d'un certain scientisme dont l'idéologie libérale est friande.

Si cette écriture requiert du lecteur qu'il construise des articulations, elle lui laisse de ce fait toute latitude pour composer son propre bouquet. N'est-ce pas ce que toute lecture accomplit ?

PREMIÈRE PARTIE

# LA NÉVROSE COLLECTIVE CHRÉTIENNE

*Où l'on décrit le système d'idéaux et d'interdits de la chrétienté, et ses symptômes : soumission au père et à ses lois, homosexualité inconsciente des hommes, forclusion du féminin. Système contre quoi le libéralisme va s'élever.*

## *Le prêtre, le politicien, et le financier*

Richard Parsons, président d'AOL Time Warner : « À une époque, les Églises ont joué un rôle déterminant dans nos vies, ensuite ce furent les États, à présent c'est au tour des entreprises. » Ou plutôt de l'actionnaire anonyme.

## *Il faut trois générations pour faire un psychotique*

Dans une lettre à Wilhelm Fliess, Freud soutient qu'il faut trois générations pour faire un psychotique. Une défaillance (parfois liée à une expérience négative dans la réalité) de la première génération, celle des grands-parents, entraîne à la génération suivante une névrose qui peut passer inaperçue, mais qui empêchera l'enfant de la troisième génération de se structurer, le conduisant éventuellement à la psychose.

Même chose d'une génération collective à une autre. Soit sur une périodicité courte (génération de la Shoah/génération révolutionnaire de Mai 68/génération néolibérale des années 1990), soit sur une périodicité plus ample, comme celle présentée par Parsons : Églises/États/entreprises.

## *Sur la terre comme au ciel*

Commençons par le début.

Au XIe siècle, la société féodale est accomplie dans sa forme. Sa clé de voûte est la figure divine. En France, son représentant sur terre va s'affirmer comme roi, puis comme monarque absolu, jusqu'à sa mise à mort en 1793. C'est contre cet ordre que le libéralisme commence à s'élaborer du XVIIe au XVIIIe siècle et contre ses survivances jusqu'à la fin du XXe siècle.

## *Gloire du patriarcat*

Le féodalisme est la civilisation du patriarche. Père au ciel, père sur le trône, père dans les familles. L'ordre des dominations est clairement établi, dans la culture comme dans la société. L'assujettissement est la condition pour être sujet.

## *Le mythe fondateur*

Dans la mythologie indienne ou la mythologie grecque, la procréation se déroule le plus naturellement du monde : les dieux comme les hommes proviennent d'un père et d'une mère. Aux abords du mont Meru, Vishnou a son épouse Lakshmi, Shiva s'accouple avec Parvati. Sur l'Olympe, Gaïa s'unit à Ouranos pour enfanter les Titans, et Zeus naît de l'union de Cronos et de Rhéa.

Dans les cultures méditerranéennes, il arrive que le père tienne à être tout-puissant. Ne supportant pas le partage du pouvoir avec une femme, il devient à la fois père et mère. Ainsi Athéna sort-elle armée du crâne de Zeus, son père – lequel avait pris la précaution d'avaler sa femme Métis après l'avoir fécondée… On peut se demander si Yahvé n'a pas agi de même, mais l'histoire ne le dit pas…

Yahvé, père créateur chez les juifs, puis les chrétiens et les musulmans, conçoit Adam seul, sans l'aide d'aucune déesse. Celui-ci ne sort pas de sa cuisse, Yahvé le modèle avec de la poussière et lui donne la vie en lui soufflant dans les narines. Il ne le fait qu'à son image, il se réserve l'arbre de vie et l'arbre de la connaissance. Adam est donc le fils parthénogénétique de Yahvé, une sorte de clone affadi du père (lequel conserve jalousement la toute-puissance).

## *Et la femme ?*

Si le mythe, comme le rêve, est l'expression déguisée d'un désir, encore faut-il qu'il s'accorde avec la réalité. Dans la mythologie biblique, le désir d'éliminer la mère a forclos la femme ; il est nécessaire de la réintroduire.

On connaît le procédé utilisé par Yahvé, dans la version que le christianisme a retenue : il plonge son fils dans une torpeur et lui enlève une côte, ou bien ouvre son côté (l'hébreu permet les deux traductions). Grâce à cette pénétration dans le corps d'Adam, Yahvé façonne la première femme.

Ce que fait Yahvé avec la côte, ou dans le côté d'Adam, chacun le sait. Cette union intime qui met en jeu l'intérieur du corps, c'est ce que nous appelons une union sexuelle. Ève est le produit d'un coït à la fois homosexuel et incestueux de Yahvé avec Adam. La disparition de la mère ne pouvait avoir d'autre effet.

### *Délire généalogique*

L'élimination du féminin fait délirer la généalogie : Yahvé est le père et la mère d'Adam.

Adam est le fils de Yahvé, et son épouse puisqu'il est la mère d'Ève, chair de sa chair, dit la Bible.

Ève est la fille de Yahvé et d'Adam, et en même temps la sœur d'Adam puisqu'ils ont le même père ; elle sera aussi son épouse.

### *Le retour de Marie*

Avec le christianisme apparaît un nouvel archétype de la femme comme mère, mais aussi comme vierge. On assiste sinon à une réhabilitation, du moins à une évolution du statut de la femme, dans sa dimension de procréatrice.

Chez Luc, l'ange Gabriel apparaît à Marie pour lui annoncer que l'Esprit saint viendra sur elle. C'est Élisabeth qui devine la première l'heureux état de Marie, et clame sa joie : « Le Seigneur a jeté les yeux sur son humble servante », chante-t-elle. Pour elle le Seigneur et l'Esprit saint ne font qu'un. C'est pourquoi on dit que Marie est bénie entre toutes les femmes : c'est elle que Dieu a choisie – comme Zeus qui souvent jette son dévolu sur des mortelles. De même, chez Matthieu, l'ange dit à Joseph : « Ce qui a été engendré en elle vient de l'Esprit saint. »

La maternité de Marie est le fruit d'un inceste avec Yahvé, le père de toute l'humanité : le père n'abandonne pas ses droits ; si une femme doit exister sexuellement, elle sera à lui et restera vierge pour les hommes ! Il demeure le chef de la horde décrit par Freud.

C'est pourquoi, dans le christianisme, les femmes ont deux époux : un mari céleste représenté par le prêtre, lequel exerce sur ses enfants une paternité spirituelle, et un mari terrien et simplement géniteur.

## *Hiérarchie divine*

La hiérarchie entre Dieu le père, Adam le fils et Ève l'enfant modèle l'organisation sociale.

L'élément clé du patriarcat mythique réside dans la tentative de forclusion du féminin. À quoi correspondra sur terre la suprématie de l'homme sur la femme (reconnue dans la stricte mesure où les hommes ne peuvent se passer des mères pour se reproduire de père en fils). Aux hommes l'espace public (la guerre et la politique), aux femmes l'espace domestique. Aux groupes sociaux dominants un rôle symboliquement masculin, aux groupes dominés un rôle symboliquement féminin[1].

Autre élément clé : le père domine le fils. Allié au refus du féminin, ce second trait conduit les hommes à développer une relation de soumission homosexuelle qui, sous des formes sublimées, régit les rapports sociaux.

1. C'est pourquoi la lutte des classes qui apparaît au XIX^e^ siècle avec le développement du capitalisme peut être comprise comme une guerre des sexes imaginaires.

## *De l'inégalité comme source d'harmonie*

Adalbéron, évêque de Laon, *Carmen ad Rodbertum regem* (1020) : « Triple est donc la maison de Dieu que l'on croit une : ici-bas les uns prient, d'autres combattent, d'autres encore travaillent[2]. » Telle est l'organisation sociale féodale, qui subsistait au moment de la réunion des états généraux, l'été de 1789 en France.

Au sens strict, il n'y a que deux ordres, celui des évêques, les *oratores*, et celui des rois, les *bellatores*. Les premiers ordonnent des auxiliaires selon un sacrement relevant de la loi divine, et forment ainsi l'ordre du clergé. Les seconds délèguent leur office par la voie du sang, et forment ainsi l'ordre de la noblesse. Chacun des deux ordres répond à une hiérarchie interne. Chez les gens d'Église : les évêques, puis les prêtres, enfin les auxiliaires subalternes comme les moines. Dans la noblesse : les rois, les nobles et enfin les chevaliers. Viennent ensuite les parias occidentaux, ceux que la volonté divine a condamnés à travailler : l'ordre des paysans et des esclaves. En 1789, il sera l'ordre sans nom, le « tiers état ».

Cette hiérarchie stricte est la condition de l'harmonie. La différence et l'inégalité sont les conditions du bonheur de chacun en société : « La providence a institué des degrés divers et des ordres distincts afin que, si les inférieurs témoignent de la déférence aux supérieurs et si les supérieurs gratifient d'amour les inférieurs, se réalise la vraie concorde et conjonction à partir de la diversité[3]. » Grégoire de Tours continue

2. Cité par Georges Duby, *Les Trois Ordres ou l'Imaginaire du féodalisme*, Gallimard, 1978.

3. *Ibid.*

cette *Lettre aux évêques du royaume de Childéric* (595) en établissant une comparaison avec les milices célestes qui, elles aussi, connaissent une hiérarchie avec anges et archanges. Pour lui, la communauté ne peut subsister sans cette disparité. L'indifférenciation sociale serait source de désordre.

C'est contre cette hiérarchie divine que les libéraux s'insurgeront en revendiquant l'égalité.

## *Des hérétiques précurseurs des libéraux*

Aux X^e et XI^e siècles, une doctrine hérétique fleurit à la chapelle royale d'Orléans, lieu de recherches intellectuelles et spirituelles. Elle propose une conception révolutionnaire du social. Les hérétiques prônent la pureté, comme le feront les cathares, en refusant la chair et ce qui a trait au sexe. Ils ne font pas de distinction entre les clercs et le peuple ; aucun ordre n'a pour fonction de nourrir les autres. Les femmes sont reconnues comme êtres humains à parité avec les hommes ; elles sont admises dans les communautés religieuses.

Cette égalité parfaite entre hommes et femmes, entre pères et fils, est en contradiction avec le patriarcat ambiant. L'hérésie ne fait plus parler d'elle après 1030.

## *La justice communautaire contre l'intérêt individuel*

Pour Thomas d'Aquin (1228-1274), si la raison naturelle de l'homme le conduit à vivre en société, c'est qu'elle s'inscrit dans le cadre d'une volonté divine qui enjoint à l'homme d'atteindre la béatitude à partir de sa vie sociale, dans ses relations avec les autres hommes. L'échange n'a donc pas seulement une dimension économique, il comporte dans le même temps une dimension religieuse. C'est pourquoi, si Thomas d'Aquin admet que l'homme recherche des biens pour satisfaire ses besoins, il le met en garde contre un vice, l'*avaritia* ou « amour immodéré de l'avoir ». L'échange doit avant tout répondre à une justice commutative, qui « règle les commutations qui peuvent se faire entre deux individus », et à une justice distributive, qui « règle les répartitions » dans la société[4]. Car l'échange équitable vise la répartition globale des biens. La préservation de la collectivité doit primer l'enrichissement individuel.

Les libéraux prendront la position contraire, tout en conservant l'argument de la poursuite du bien commun.

### *L'ordre est dans l'obéissance au père céleste*

Pour les théologiens du Moyen Âge, ce qui est en bas est comme ce qui est en haut. L'ordre de la Jérusalem céleste modèle l'ordre sur terre selon une loi immuable. Le rôle de l'Église est de transmettre cette loi, dont la fonction est d'imposer aux hommes leur salut, plutôt que de simplement interdire. Thomas d'Aquin : « La fin ultime de la vie humaine, c'est la félicité ou la béatitude. Il faut par conséquent que la loi traite surtout de ce qui est ordonné à la béatitude. [...] C'est pourquoi toute loi est ordonnée au bien

4. Thomas d'Aquin, *La Somme théologique*, Cerf, 1984.

commun[5].» La loi conduit les hommes à œuvrer au bien commun, c'est-à-dire qu'elle condamne tous les comportements individualistes.

Les libéraux refuseront la loi du père céleste en décidant qu'il n'existe aucune fin transcendante, aucun ordre imposé de l'extérieur, pas même par la société : ce sera la condition de la liberté de l'individu.

## *Le juste prix*

«Les deniers s'appellent numisma qui vient de *nomo*, la loi, car les deniers ne sont pas mesurés par nature mais par la loi[6].» Cette étymologie nous paraît aujourd'hui incompréhensible. Pour garantir l'équité dans la répartition des richesses, c'était le prince qui décidait du prix des biens et du prix du denier (teneur en or ou en métal précieux). Ainsi était fixé, par tarification publique, le «juste prix» qui s'opposait au désordre économique possible. En effet, selon Thomas d'Aquin, les biens de la nature étant en quantité limitée, si des individus se laissaient guider par l'*avaritia*, d'autres seraient privés des biens essentiels. Voilà pourquoi il fallait empêcher la compétition – on dirait aujourd'hui la concurrence – en arrêtant les prix.

## *Inflation*

1503 : le premier chargement d'or vient des Antilles. Selon les données officielles, 18000 tonnes

5. *La Somme théologique.*
6. Thomas d'Aquin, *Commentaire de l'Éthique à Nicomaque.*

d'or suivront entre 1521 et 1660. Dans le même temps, la population indienne est réduite de 90 % au Mexique et de 95 % au Pérou.

L'afflux de métaux précieux résulte d'une première globalisation de l'économie mondiale de l'époque. Celle-ci bouleverse les prix. Durant le XVIe siècle, l'inflation est de 400 % en Espagne sur cent ans ; de 206 % en Angleterre sur cinquante ans ; de 220 % en France sur cinquante ans. En Europe, le prix du blé augmente de 400 % entre 1550 et 1600, alors que les salaires baissent de 50 % au cours du siècle.

En Espagne, en France, en Angleterre, les têtes couronnées tentent de fixer des prix légaux maximaux. En vain.

## *Solidarité dans l'inégalité*

Le vassal est devant son seigneur comme un fils devant son père : il doit le servir, mais il sera payé en retour. Au XIe siècle, les relations sociales sont pensées sur le modèle des relations filiales : les différents groupes sont unis par l'entraide, les services mutuels et la bienveillance – dans l'allégeance. On pourrait dire également que les trois ordres entretiennent des relations réciproques de don, de sorte que chacun reçoit des deux autres – de la spiritualité de la part de l'Église, de la sécurité de la part de la noblesse, de la nourriture de la part des serfs – et leur rend en retour. Ainsi se réalise l'organisation juste et bonne de l'univers promue par la loi divine.

Pour les libéraux, c'est la concurrence entre les intérêts individuels qui garantira une harmonie spontanée, celle du Marché.

## *Le Moyen Âge obscurantiste*

Le Moyen Âge est obligatoirement obscurantiste. La féodalité (Dieu, son roi, ses œuvres) est vouée aux gémonies par les Lumières, puis par les temps modernes et postmodernes. Puisque la marche du progrès est notre destin, il faut bien que les âges anciens aient été primitifs !

## *Nécessité du droit et de l'autorité qui le soutient*

La loi vise à imposer le modèle transcendant. L'évêque l'énonce, le roi la met en œuvre. Saint Augustin : « Un ordre est établi, les uns précèdent, les autres suivent, et ceux-ci imitent les premiers. Mais ceux qui donnent l'exemple à ceux qui viennent après, ne suivent-ils personne ? S'ils ne suivent personne, ils s'égarent. Ils suivent donc eux aussi quelqu'un, et c'est le Christ lui-même. » Le droit, inspiré par le Christ, dit le vrai, le juste et le bon.

Et quand bien même la loi terrestre paraîtrait injuste, il faut s'y soumettre parce qu'elle résulte du péché originel commis par les hommes. Saint Augustin, encore : « C'est pourquoi l'Apôtre avertit les esclaves d'être soumis à leurs maîtres et de leur être affectionnés en ne les servant pas par crainte de la peine mais par l'amour de leur devoir jusqu'à ce que l'iniquité passe et que toute domination humaine soit anéantie, lorsque Dieu fera toutes choses en tout[7]. »

---

7. Saint Augustin, *La Cité de Dieu*, Gallimard, 2000.

Avec le libéralisme, l'homme de *besoin* décrit par l'économie succédera à l'homme de *droit* défini par la loi ; et le non-sens d'un réel décrit par la science remplacera le sens d'un univers d'origine divine.

## *Atouts et faiblesses de la névrose collective chrétienne*

Au niveau culturel, toute-puissance d'un père divin qui est au-delà des sexes ; au niveau social, le père s'autoreproduit par l'intermédiaire d'une femme dévalorisée.

Symptôme clé de la névrose collective chrétienne : le refoulement du désir incestueux entraîne le refoulement du féminin. Sur la scène sociale, cela se traduit par un clivage : d'un côté, révérence pour l'épouse, mère virginale (avec qui la jouissance n'est pas nécessaire) donneuse de fils ; de l'autre, marginalisation de la sexualité, agie sur un mode transgressif et coupable avec les catins. Autrement dit, il n'y a qu'un sexe symbolique ; les femmes sont définies comme non-hommes car elles en sont dépourvues. Cette dichotomie masculin valorisé/féminin nié ou dévalorisé est le codage fondamental du social. L'ordre ecclésiastique est (comme Yahvé) au-delà des sexes ; la noblesse est masculine ; les serfs connaissent une condition féminine d'exploitation, ils sont attachés à la terre comme la femme à la maison.

Le second versant du complexe œdipien, celui de l'ambivalence vis-à-vis du père, connaît également un clivage. À l'intérieur de la communauté, le fils aime le père, il se soumet totalement à lui (charge à celui-ci de ne pas en abuser, comme le fera le monarque absolu). C'est aussi sur ce modèle, on l'a vu, que les ordres entretiennent des rapports d'allégeance : la noblesse vis-à-vis du clergé, et les serfs vis-à-vis des deux autres ordres. Quant à la haine du père, elle est projetée sur l'extérieur : le parricide est mis en acte par la noblesse, dont le métier est la guerre. Guerre à motif culturel avec les croisades contre les musulmans ; guerre à motif historique avec les voisins, rivaux pour la possession de la terre (dotée d'une signification maternelle).

Ce système tient pour autant que la figure paternelle, au ciel comme sur la terre, culturelle et historique, reste idéale ; pour autant que le père est aimé et que la haine œdipienne est projetée à l'extérieur de la société. La position de suprématie du père est sa force et sa faiblesse ; sa force parce qu'il est omnipotent, sa faiblesse parce que sa souveraineté l'entraîne à abuser de son pouvoir.

Si son pouvoir paraît affaibli ou abusif, les liens de solidarité et de réciprocité s'estompent, les femmes et les fils sortent de la soumission. Les dames deviennent savantes et dressent les fils contre les pères. Elles déchanteront après la Révolution française puisqu'elles seront renvoyées à leurs foyers pour un long temps, tandis que les fils créeront une société de frères (sans sœurs) en république. *Exit* le père du collectif.

## *Première défaillance du père chrétien*

La première défaillance du père symbolique de la névrose collective chrétienne apparaît avec les guerres de Religion, crise majeure du système culturel européen. On peut prendre l'acte de Luther défiant le représentant de Dieu sur terre comme un repère de ce basculement.

Après avoir critiqué la vente des indulgences, par quoi l'on accordait le pardon des péchés avant qu'ils ne fussent commis (contre monnaie trébuchante), en 1520 Luther brûla en place publique la bulle dans laquelle le pape Léon X le condamnait. Vingt ans plus tard, Calvin tenta de créer un gouvernement protestant à Genève. Les guerres de Religion allaient embraser l'Europe. De 1562 à 1598, huit guerres civiles opposèrent en France catholiques et protestants, jusqu'à l'édit de Nantes.

### *Œdipe condamné par la défaillance du père*

Parce qu'il avait séduit et violé le fils de son hôte, lequel s'était ensuite suicidé par désespoir, l'oracle d'Apollon avait prédit à Laïos qu'il serait tué par son fils. Ce fut pour déjouer cette prédiction que Laïos fit abandonner Œdipe sur le mont Cithéron. Le fait qu'il n'assumât pas sa paternité déclencha un destin qui se transmit de génération en génération : parce qu'il ne savait pas, parce que rien ne lui avait été dit ni interdit, Œdipe commit en toute innocence le parricide et l'inceste.

La défaillance du père conduit la génération suivante à transgresser.

### *Une décompensation collective*

• *Premier temps* : affaiblissement de l'idéal chrétien se traduisant par la naissance des courants protestants. Première déstructuration de la névrose collective chrétienne.

Réaction très politique de Catherine de Médicis : refaire l'unité de la France par le mariage de Marguerite de Valois, catholique, sœur du roi de France Charles IX, avec Henri de Navarre, chef du parti réformé. La cérémonie a lieu le 18 août 1572. Elle est grandiose, et curieuse. L'échange des consentements se fait à l'extérieur de Notre-Dame, en public, puis les deux époux entrent ensemble pour la messe. Henri le parpaillot n'y participe pas, il passe le temps à déambuler dans le transept. Tel est le compromis adopté : depuis l'extérieur de la cathédrale, les apparences sont sauves. Jusqu'au 21 août, banquets, bals, jeux et autres spectacles se succèdent jour et nuit.

• *Deuxième temps* : la déstructuration de la névrose collective dans sa dimension culturelle entraîne la déstructuration des individus. Ce qui était refoulé ressurgit dans des comportements pathologiques de type psychotique – transgressions agressives et sexuelles –, en deux étapes.

*Retour du refoulé de la haine pour le père, à l'origine de la folie de la persécution. Rivalité délirante vis-à-vis des tenant-lieu de père et passage à l'acte meurtrier. Une nuit de cristal au* XVI^e^ *siècle.*

Le 22 août, vers onze heures du matin, Coligny (protestant qui a su s'attirer l'amitié du roi catholique Charles IX) quitte le Louvre et se rend à pied à son hôtel rue de Bethisy (actuelle rue de Rivoli). Une balle tirée par une arquebuse le blesse à la main. Il est rapidement transporté chez lui par ses proches. Le tireur s'appelle Maurevert, il est proche des Guise. Le hasard fait toujours bien, ou mal, les choses : en temps de troubles, anciens ou modernes, il se trouve toujours une personnalité psychopathe en phase avec le collectif pour attenter à la vie d'un homme politique. Puisque le scénario est toujours le même.

Il s'enclenche quand l'égarement se propage. Accès de délire d'interprétation au palais, chez les catholiques qui, selon un mécanisme classique de projection, estiment que les persécutés vont se métamorphoser en persécuteurs. La sécurité requiert d'anticiper le meurtre que, imaginent-ils, les huguenots vont perpétrer par vengeance sur la personne du roi. Charles IX et Catherine de Médicis décident d'exécuter[8] les chefs protestants qu'ils ont invités au mariage.

*Retour du refoulé incestueux. Actes de barbarie sexuelle sur les corps, comme autant de coïts monstrueux où la jouissance a partie liée avec la mort.*

Le peuple avait peur de l'hérétique aux coutumes étranges, qui se livrait à tout ce qui était interdit dans des sabbats d'autant plus fantastiques qu'ils étaient imaginés. Les catholiques projetaient sur les parpaillots leur imaginaire refoulé. Toute minorité est dotée de qualités dangereuses parce que fascinantes : nos colonisés africains furent gratifiés d'une sexualité exubérante, nos juifs également auraient en ce domaine des pratiques peu ordinaires. Ils se permettent ce que nous nous interdisons, ce que nous ne voulons pas savoir que nous désirons : en raccourci, l'inceste et ses métaphores.

---

8. On a pu dire « à la mode de Shakespeare » ; on dirait aujourd'hui « à titre préventif ».

La première réaction est phobique : il ne doit se produire aucun contact avec la minorité, celle-ci doit rester isolée dans son ghetto. Or voici que le roi Charles IX donne pour époux à sa sœur Margot le chef de file des protestants. Les catholiques s'en trouvent contaminés.

Quand il apprend que l'on élimine les chefs protestants, le peuple de Paris se lève ; pour une fois réunis, populace et bourgeois s'arment et sortent pour tuer. Femmes, enfants, vieillards, victimes sans défense – qu'importe, il s'agit de tuer. Cette frénésie meurtrière dure plus de trois jours dans la capitale. Les tentatives pour endiguer ce débordement imprévu, et non voulu par le pouvoir, sont vaines. Des charrettes de cadavres nus s'acheminent vers les fosses, des centaines de corps poignardés et dévêtus flottent dans la Seine. Tous les contemporains insistent sur le caractère inattendu d'une « fureur incroyable », brusquement surgie du peuple et impossible à contrôler. De nombreux témoignages rapportent l'acharnement particulier sur les corps des victimes – dénudés, traînés dans la boue par des enfants, décapités, émasculés. Fureur où la mise à mort acquiert une signification sexuelle[9]. Les massacres ne cessent pas avant le 29 août.

De Paris, la jouissance meurtrière s'étend aux villes de province : Bourges, Orléans, Rouen, Bordeaux, Toulouse… Difficile d'établir un bilan. Selon les chroniqueurs, les chiffres varient de 5000 à 100000 victimes.

9. Roger Zagdoun a développé les significations incestueuses des génocides dans *Hitler et Freud, un transfert paranoïaque*, *op. cit.*

L'événement sera ensuite recouvert de silence et de honte. Comme pour les camps d'extermination nazis après 1945. Comme au Rwanda. Comme au Kosovo.

• *Troisième temps* : la société connaît une deuxième déstructuration collective, qui porte atteinte au pouvoir politique.

La Saint-Barthélemy suscite en Europe une grande émotion. C'est la première fois qu'un souverain réputé juste ordonne le massacre d'une partie de son peuple (dans le souci de calmer les esprits, Charles IX a choisi d'en endosser la responsabilité).

C'est le fondement même de la monarchie qui se trouve atteint. Le roi n'est plus pour l'ensemble de ses sujets le représentant de la justice institué par Dieu. Il n'est plus le père protecteur de la totalité de son peuple contre les ennemis, intouchable parce que situé au-dessus de tous les groupes qu'il rassemble dans le royaume.

• *Quatrième temps* : sur ce fond d'affaiblissement social, les symptômes individuels tentent de se projeter sur la névrose collective et de la réorganiser.

L'événement fait ressurgir la théorie de la résistance à l'État, une résistance susceptible d'aller jusqu'au régicide si le souverain outrepasse certaines limites. Selon une formule apparue au XVI^e siècle : « Le roi doit pouvoir ce qu'il veut, mais il ne doit pas vouloir tout ce qu'il peut. » C'est dire qu'il peut être un tyran, puisque la « raison d'État[10] » permet de justifier l'abus de pouvoir au nom même de l'exercice du pouvoir. Ce qu'avait fait Charles IX en invoquant l'imminence du péril pour justifier l'exécution des protestants.

---

10. Décrite dès 1589 par Giovanni Botero dans son *Delle ragion di Stato* (traduit en français en 1599 sous le titre *De la raison d'État*).

C'est dans cette coulée qu'apparaît le libéralisme et qu'il forge les grands thèmes qui sont toujours les siens : méfiance vis-à-vis de l'État, liberté de penser et tolérance, paix assurée grâce à la prospérité des acteurs de la société civile. Dans le contexte des XVIIe et XVIIIe siècles, ces thèmes avaient un autre sens que de nos jours – d'autant plus qu'ils n'étaient pas encore totalement associés au capitalisme.

## *La France, mère affligée*

Agrippa d'Aubigné, dans *Les Tragiques*, en 1616, décrit ainsi les guerres de Religion :

Je veux peindre la France une mère affligée,
Qui est entre ses bras de deux enfants chargée.
Le plus fort orgueilleux, empoigne les deux bouts
Des tétins nourriciers, puis à force de coups,
D'ongles, de poings, de pieds il brise le partage
Dont nature donna à son besson l'usage :
Ce voleur acharné, cet Ésaü malheureux,
Fait dégât du doux lait qui doit nourrir les deux,
Si que pour arracher à son frère la vie,
Il méprise la sienne et n'en a plus d'envie [...].

Plus de père pour donner la loi, mais deux frères jumeaux projetant chacun sur l'autre l'image du rival paternel qu'il veut éliminer au mépris même de sa survie. Folie meurtrière qui signe une déstructuration de la névrose collective, désormais inapte à proposer aux individus des mécanismes de défense structurant le désir incestueux – ici illustré par le corps à corps des enfants avec la mère. La France n'est plus une mère associée à un père donnant la loi, ce qui la rendrait capable de regrouper dans son giron différents groupes religieux et de leur permettre de vivre ensemble.

Monde préœdipien, prégénital, centré sur une oralité où le bon sein ne se distingue plus du mauvais et ouvrant sur un cannibalisme destructeur.

Puis aux derniers abois de sa proche ruine
Elle dit : Vous avez, félons, ensanglanté
Le sein qui vous nourrit et qui vous a porté :
Or vivez de venin, sanglante géniture,
Je n'ai plus que du sang pour votre nourriture.

## *Le long chemin*

Le conflit religieux ne s'éteint pas en 1598 avec la signature de l'édit de Nantes. 1628 : le cardinal de Richelieu assiège pour le compte du roi Louis XIII la ville protestante de La Rochelle. 1685 : après que les dragonnades ont permis d'obtenir des milliers de conversions forcées en quelques mois, Louis XIV révoque l'édit de Nantes ; 200 000 protestants émigrent. 1702 : révolte des paysans protestants dans les Cévennes (les camisards). 1724 : le duc de Bourbon, régent de Louis XV, promulgue un édit contre les protestants. Il faut attendre 1789 pour que les libertés leur soient rendues.

C'est dans ce contexte qu'apparaissent les premiers discours libéraux. En 1644, pendant la guerre civile (politique et religieuse) anglaise, John Milton publie l'*Areopagitica*, plaidoyer pour la liberté de penser et de publier. En 1651, Thomas Hobbes livre les principes fondamentaux du libéralisme[11] dans *Léviathan, ou Matière, forme et puissance de l'État chrétien et civil*[12]. En 1670, dans son *Traité théologico-politique*, Baruch Spinoza soutient que, dans une libre république, chacun a toute latitude de penser et s'exprimer. En 1689, dans sa *Lettre sur la tolérance*, distinguant les affaires de la cité et celles de la religion, John Locke s'oppose au principe fondateur de la société féodale et royale. En 1748, dans *De l'esprit des lois*, Montesquieu propose, afin de préserver la sûreté et la liberté des citoyens, de contrôler les abus du prince en séparant le pouvoir exécutif du pouvoir législatif. En 1776, dans *Recherches sur la nature et les causes de la richesse des nations*, Adam Smith propose le premier exposé systématique d'une économie politique qui reste jusqu'à aujourd'hui l'horizon indépassable (si l'on en croit les libéraux) de toute réflexion sociologique ou politique.

Le rythme de développement du libéralisme est long. En France, il faut attendre la déstructuration sociale de 1789 pour le voir apparaître sur la scène politique, en même temps que les idéaux républicains. Suivent une suite de régressions et de progressions. C'est que les idéaux chrétiens résistent. En 1905, en France, le principe de la séparation de l'Église et de l'État est enfin adopté. Avec Marcel Gauchet[13], on peut dater des années 1970 la disparition du rôle symbolique du christianisme, et l'épanouissement d'un libéralisme désormais débarrassé de ce frein.

---

11. Ils forment le foyer central de notre néolibéralisme postmoderne.

12. Gallimard, 2000.

13. Marcel Gauchet, *La Religion dans la démocratie : parcours de la laïcité*, Gallimard, 1998.

## *Totem et Tabou au temps des Lumières*

• *Étape 1* : à la veille de 1789, on ne croit plus aux idéaux représentés par le roi; les thèmes du despotisme et des abus fleurissent. En refusant de prendre en compte les doléances, le roi montre qu'il n'aime plus son peuple.

• *Étape 2* : cette défaillance symbolique entraîne des transgressions individuelles. La Bastille est prise, les révoltes gagnent les campagnes françaises, c'est la Grande Peur.

• *Étape 3* : suit la période de monarchie constitutionnelle, une phase de déstructuration sociale. Louis XVI commence par refuser la Déclaration des droits de l'homme du 26 août 1789, puis se trouve contraint de l'accepter en octobre. Il tente de s'enfuir en 1791 ; reconnu à Varennes-en-Argonne, il est arrêté. Les rois européens déclarent la guerre à la France, ils sont battus à Valmy le 20 septembre 1792. Le lendemain, la Convention proclame la Iʳᵉ République.

• *Étape 4* : c'est alors que les symptômes individuels pathologiques viennent s'inscrire dans le social. Le parricide devient collectif. La Convention vote la mort de Louis XVI et le fait guillotiner le 21 janvier 1793. Le meurtre du père social ouvre la période de la Terreur, règne d'un délire de persécution généralisé. En quatorze mois, 17 000 suspects sont jugés puis guillotinés [14]. La culpabilité inconsciente (liée à l'assassinat du père de la horde) fait

14. Châtiment aristocratique ! Avant 1789, seuls les nobles bénéficiaient du privilège de la décapitation ; les manants n'avaient droit qu'à la pendaison.

son œuvre. Chacun projette sur l'autre le châtiment qu'il recherche sans le savoir : mon frère en république souhaite ma mort ? C'est pourquoi il faut l'éliminer ! Les bessons de la mère France se déchirent à nouveau. Robespierre fait exécuter Danton, il est guillotiné à son tour en 1794.

On sait qu'un petit caporal profitera de la situation, ouvrant une période de restaurations et de révolutions qui durera jusqu'à l'instauration de la III^e^ République, en 1877. Cette instabilité politique formera le terreau de l'essor industriel et libéral.

### *Le père de famille aussi*

On connaît les peines de prison de Sade, mais on oublie souvent que Diderot a également souffert de l'usage que fit son père de son droit de correction en le faisant incarcérer pour cause de mésalliance. Mirabeau, pour sa part, fut emprisonné de nombreuses fois à la suite des interventions de son père. L'enlèvement de Sophie Monnier lui valut de passer trois ans au donjon de Vincennes.

La Révolution s'attaque au pouvoir traditionnel du père de famille. L'amour, et non plus la loi divine du mariage, doit régler les rapports entre époux et avec les enfants. Le divorce vient entériner la fin naturelle de l'amour.

La loi du 24 août 1790 réduit l'arbitraire du droit de correction. Loi du 28 août 1792 : « Les majeurs ne seront plus soumis à la puissance paternelle. » Loi du 20 septembre 1792 : la peine d'exhérédation contre les enfants qui se marient sans le consentement du père est abrogée. Le Code civil napoléonien rétablit le père dans ses droits traditionnels ; celui-ci retrouve son omniscience et son omnipotence. Il faudra plus d'un siècle pour que l'État libéral le prive progressivement de ses attributs.

## *La boîte de Pandore*

Nouveaux symptômes de la société française après la Révolution :

Des *classes sociales* apparaissent avec leur *lutte permanente pour le pouvoir,* car tous les citoyens sont libres et égaux et aucun ne domine l'autre en droit. À chacun de faire en sorte que sa volonté particulière devienne la volonté générale. Fraternité, oui, dans la guerre intestine.

Les distinctions entre les groupes sociaux ne sont plus définies par la volonté divine. Les trois ordres du clergé, de la noblesse et du tiers état disparaissent. C'est l'*argent* qui devient le différenciateur. D'un côté les citoyens entreprenants qui fournissent du travail et font vivre l'économie, de l'autre ceux qui monnaient leur force pour vivre. Avec une redistribution dans le registre symbolique : à droite les hommes forts, ils sont pères (patrons) et virils ; à gauche les prolétaires, des enfants dominés, donc féminins [15]. Ces derniers tenteront de se forger une identité dans les valeurs du *travail* : fierté du métier, solidarité. Mais ce discours aura toujours un parfum d'envie jamais assumée, toujours déniée – celle du petit vis-à-vis

15. L'identité sexuelle n'est pas seulement biologique, elle est également imaginaire.

du grand, du fils vis-à-vis du père qui en a plus, de la femme vis-à-vis de l'homme du patriarcat.

Le père divin n'organise plus le monde des humains, celui-ci devient *profane*. De nouveaux idéaux tentent de combler le vide céleste. Sur le plan politique, deux écoles : ou bien le *Marché* comme cosmos économique où tout est harmonie ; ou bien l'*État* comme incarnation transcendante du peuple, de sa volonté générale. Sur le plan de la société civile, l'immortalité est en marche grâce à la permanence du *progrès*, résultat des découvertes de la *science*, nouvelle dépositaire de la vérité et créatrice des *techniques* qui permettent d'améliorer infiniment la production, et d'envisager un jour l'éternité grâce au clonage.

### *De la névrose collective chrétienne à la névrose collective libérale*

La névrose collective chrétienne restait dans une *logique œdipienne*, même si la résolution qu'elle tentait du conflit œdipien présentait les défauts du patriarcat, que l'on a résumé en trois traits marquants sur le plan de la culture : confiscation de la toute-puissance par l'homme, forclusion du féminin, domination du fils par le père. Si l'on y voit apparaître le thème prégénital d'un père maternel doté des deux sexes, le féminin est au moins reconnu comme problème à éliminer.

Avec la Révolution française, au moment de la déstructuration culturelle et historique, on voit apparaître au niveau collectif les idéaux du libéralisme que des philosophes et des acteurs sociaux isolés (n'ayant pas prise sur le collectif) ont contribué à élaborer. On peut dire, dans une première approximation que nous développerons plus loin, que cette nouvelle culture privilégie les traits suivants : refus du père culturel (Dieu), méfiance vis-à-vis du père social (l'État), refus des lois, primauté d'un individu considéré comme libéré de toute attache et mû par un besoin naturel qu'il cherche à satisfaire égoïstement, valorisation de l'avidité, culte de la propriété, concurrence avec l'autre (non reconnu comme autrui mais comme obstacle)... Tout laisse à penser que l'on assiste à une régression d'une position *œdipienne* à une position *anale*.

DEUXIÈME PARTIE

# L'ÂGE SADIQUE-ANAL CHEZ L'INDIVIDU

*Où l'on rappelle les caractéristiques de l'âge sadique-anal, et découvre qu'elles ont quelque chose à voir avec les valeurs libérales.*

## *Infans erectus*

L'âge anal commence lorsque le nourrisson se redresse et marche. Sa première conquête est celle du plaisir musculaire et de l'autonomie : il n'a plus besoin d'être porté par un adulte pour atteindre l'objet qu'il convoite. C'est aussi la conquête de l'espace. Il en devient le maître, puisqu'il peut aller (et de mieux en mieux) où il veut. « J'ai marché sur la terre ! » : voilà un cri de victoire qui vaut celui des premiers astronautes débarquant sur la Lune.

Maître de l'univers, mais également maître de ses muscles : il peut les exercer selon sa volonté. Il découvre la liberté.

## *Insoumission*

Nourrisson, l'enfant a connu l'alternance de la satisfaction et de l'insatisfaction. Satisfaction d'un sein halluciné, qui permet de restaurer l'unité paradisiaque que la faim avait menacée, et que le sein réel vient souvent confirmer à temps. Au début est la monade psychique : univers totalisant l'ensemble du monde assimilé à soi, pas de distinction entre l'imaginaire et le réel, autarcie, toute-puissance. Dieu, l'incréé, fut pensé à l'image d'un bébé ! – à cette différence près qu'il ne serait pas sorti de son univers d'autosatisfaction. Cela, le bébé humain ne peut le faire : si, pour lui, le bon sein fait partie de son *moi* universel et indistinct, qu'en est-il du sein qui fait si souvent défaut ? Il arrive un moment où l'hallucination du sein ne suffit pas à apporter le plaisir qui s'ajoute à la satisfaction du besoin. Si la faim se fait trop sentir, les sensations désagréables, vécues comme destructrices, sont projetées sur le sein. Celui-ci devient mauvais et ne peut rester dans l'univers psychique sous peine de le contaminer. Ainsi naît un premier « dehors » (embryon de la réalité), constitué par un premier objet partiel, source de l'objet total que deviendra autrui. Ce dernier apparaît d'abord comme ce qui est mauvais, ce qui frustre, ce qui détruit. Jusqu'alors, le sujet (son prototype) excluait l'altérité. C'est d'abord dans le déplaisir qu'il commence (à peine) à se construire.

À l'âge de la marche, l'autre n'apparaît plus seulement sous la forme d'un manque (absence de la mère), ni sous celle du détenteur de l'objet convoité (le sein), il est celui qui dit non. Celui qui fait obstacle au libre mouvement de l'enfant. Chaque geste devient contraint par l'autre, qui est vu comme mauvais puisqu'il empêche la libre expansion du dynamisme enfantin. Première réaction : tout interdit est à bannir, et celui qui l'énonce est à éliminer.

Seul le manque de moyens empêche la réalisation d'un programme radical : passage à la guillotine de tout empêcheur de danser en rond ! Au début, donc, sont l'impérialisme de la volonté et la guerre totale contre ce qui s'oppose à elle.

## *Progrès infini*

« Quand je serai grand... », dit l'enfant. Il sait désormais que l'avenir est à lui, devant lui la marche infinie du progrès. Chaque jour il gagne en taille et en puissance, rien ne l'arrêtera.

## *Cruauté infantile*

Freud : « L'enfant est, en général, porté à la cruauté, car la pulsion de maîtriser n'est pas encore arrêtée par la vue de la douleur d'autrui, la pitié ne se développant que relativement tard. [...] La tendance à la cruauté dérive de la pulsion de maîtriser, elle fait son apparition dans la vie sexuelle à un moment où les organes génitaux n'ont pas encore pris leur rôle définitif. Elle domine toute une phase de la vie sexuelle que nous aurons à décrire plus tard comme organisation prégénitale[1]. »

## *Faire mal ? Même pas !*

Défaut de perspective : la cruauté supposerait que l'on jouisse de la souffrance infligée. Mais si l'autre n'existe pas ? Si l'on entend certes ses cris de douleur et de protestation, mais que l'on est incapable de s'identifier à lui s'il n'est pas un autre soi-même ?

À deux ou trois ans, l'enfant sort de son paradis de toute-puissance. La réalité commence à exister. Elle est peuplée de géants qui commandent le monde, comme lui-même commandait son paradis

1. *Trois essais sur la théorie sexuelle*, Gallimard, 1962.

imaginaire. S'il se cogne à un obstacle, c'est qu'ils l'ont voulu ; voilà pourquoi il faut se réfugier auprès d'eux en pleurant et suppliant pour obtenir à nouveau leur bienveillance.

Autrui, en tant que semblable et en même temps radicalement différent, n'apparaîtra qu'après la découverte de la différence des sexes. Pour l'instant, il n'y a pas véritablement de sexe puisque le sexe (de *sectus*, « séparation », « coupure »), c'est la différence produite par la castration. Or l'enfant n'a pas encore intégré deux points clés : il y a des hommes et des femmes, et il est le produit de leur rencontre. Une fois découvert, l'autre sexe est le prototype d'autrui dans ce qu'il a de définitivement étranger, bien qu'il soit mon semblable en humanité. Dans le même temps, il fait apparaître celui qui est comme moi, auquel je vais pouvoir m'identifier : le parent du même sexe.

Rien de tel à l'époque prégénitale.

## *Mégalomanie*

Avant ce que les psychanalystes appellent la *castration primaire*, l'enfant a encore un pied dans l'éternité. Il est encore incréé car il ne sait pas qu'il a été conçu. Il vient de quitter le paradis du grand flou pour entrer dans un monde magique qu'il entreprend de conquérir. Son dynamisme est intact, pour autant que ses parents ne viennent pas le contrarier. Il est la force musculaire en marche.

La *castration primaire* vient avec la découverte par l'enfant, garçon ou fille, qu'il n'est que de l'un ou l'autre sexe. La fille se rend d'abord compte qu'on lui a enlevé ce membre dont elle se trouve démunie. Pour le garçon, la victoire n'est que momentanée : on pourrait bien le lui couper à lui aussi. Contrebalançant cette perte, la fille comprend qu'elle portera un enfant dans son ventre – et le garçon qu'il ne le pourra pas. L'un et l'autre, désormais, se savent incomplets. Savoir insupportable, jamais totalement admis, que la génitalité viendra compenser. Pour créer à deux, encore faudra-t-il avoir accepté la castration primaire.

Certains échappent à cette perte de la toute-puissance ; ils conservent les deux sexes sous couvert de ne pas en avoir : Dieu, le pape, les prêtres catholiques – et peut-être ceux de nos modernes églises...

## *La pulsion d'emprise*

Freud, en 1905, rapporte la cruauté à une pulsion d'emprise ou de maîtrise qui se développe indépendamment de la sexualité, ne comporte ni amour ni haine. La cruauté est immédiatement dirigée contre un objet extérieur, qu'elle tend à dominer par la force mais sans avoir pour but primaire de provoquer sa souffrance. Cette violence, plutôt défensive et protectrice de la survie de l'enfant, participerait des pulsions d'autoconservation sur lesquelles s'étaieront les pulsions sexuelles. Ce n'est donc que dans un second temps qu'elle se mettrait au service de la sexualité, notamment avec l'apparition du sadomasochisme à l'âge sadique-anal.

La cruauté du stade anal nourrit les représentations primitives du coït et les désirs du complexe œdipien avant sa résolution. Le coït des parents est un acte sauvage au cours duquel le père fait souffrir la mère, souvent par pénétration anale. Le fils souhaite tuer son père. Sa représentation de l'inceste est source d'horreur, car elle prend le sens d'un retour au vagin d'où il naquit – un retour à avant sa naissance, c'est-à-dire au néant d'avant sa procréation. Les fantasmes de la fille ne sont pas moins… fantastiques.

## *Réprimer, ou assujettir à une loi ?*

La façon dont les parents traitent la cruauté de leur enfant est décisive pour son évolution. Et ce traitement est d'autant plus difficile à réaliser pour eux que l'enfant garde secrets ses fantasmes sadiques à leur encontre (il faut bien qu'il les ménage, car il a besoin d'eux pour vivre !).

S'il résulte de l'éducation que l'agressivité est seulement refoulée, elle reste telle quelle, maintenue derrière un barrage. Que ce dernier cède, et elle réapparaît, intacte dans sa sauvagerie. Dans des moments où elle est tolérée socialement, comme pendant les conflits armés ; dans ceux où la névrose collective ne la contient plus, comme les guerres civiles ou les génocides.

En notre époque où la névrose collective libérale triomphe, c'est-à-dire où les pères sont affaiblis et les mères déboussolées, où le refus de toute loi est la règle implicite, quelle tâche difficile que d'éduquer les enfants !

Trop souvent, c'est par la seule force que le parent endigue l'agressivité de l'enfant. Il se comporte en tyran, impose sa volonté parce que c'est la sienne – c'est-à-dire que le parent fonctionne lui aussi dans une logique anale. Ce langage est familier à l'enfant, il s'y trouve conforté et cède parce que le rapport de force l'y oblige. Soumission stratégique en attendant des jours meilleurs, ceux de la révolte et du refus de toute autorité, immanquablement perçue comme tyrannique.

Autre chose est de donner du sens à l'interdit : en faire une loi à laquelle le parent est soumis comme l'enfant, ce qui permettra une sublimation des pulsions agressives. Faire de l'enfant le sujet d'une loi. Lui faire assimiler la deuxième loi du Décalogue : « tu ne tueras point », et ses dérivés : synthétiquement, ne pas nuire à autrui ni le faire souffrir physiquement ou moralement, ne pas l'exploiter, ne pas s'approprier ses biens.

## *Actif passif*

Freud : « Une seconde phase prégénitale est celle que nous appelons sadique-anale. Ici, l'opposition qui se retrouve partout dans la vie sexuelle apparaît clairement ; toutefois, ce n'est pas encore masculin et féminin qui s'opposent, mais les deux termes antagonistes : actif et passif. L'élément actif semble constitué par la pulsion de maîtrise, elle-même liée à la musculature ; l'organe dont le but sexuel est passif sera représenté par la muqueuse intestinale érogène[2]. »

## *Érotisme anal*

Zone érogène : « Région de l'épiderme ou de la muqueuse qui, excitée de certaine façon, procure

2. *Trois essais sur la théorie sexuelle*, *op. cit.*

une sensation de plaisir. » Certaines zones sont particulièrement érogènes, notamment les orifices qui mettent en relation avec autrui : la bouche, l'anus, le pénis ou le vagin – également les yeux (avec les images) et les oreilles (avec les sons).

« La situation anatomique de la zone anale, tout comme celle de la zone bucco-labiale, la rend propre à étayer une activité sexuelle sur une autre fonction physiologique. On peut supposer que la valeur érogène de cette zone fut, à l'origine, considérable[3]. » Pour Françoise Dolto, c'est l'ensemble du tractus digestif qui est, à l'âge oral, doué d'une sensibilité extrême. Elle en voit la trace dans les dessins des jeunes enfants qui, très souvent, prennent soin de dessiner une suite de boutons suivant l'œsophage, l'estomac et les intestins.

## *Plaisir autoérotique de l'accumulation*

Freud : « Les enfants qui utilisent l'excitabilité érogène de la zone anale se trahissent parce qu'ils retiennent leurs matières fécales, jusqu'à ce que l'accumulation de ces matières produise des contractions musculaires violentes, et que, passant par le sphincter anal, elles provoquent sur la muqueuse une vive excitation[4]. »

## *Premier fruit défendu*

« Lou Andreas-Salomé a démontré que la première défense faite à l'enfant, qui a trait au plaisir

3. *Trois essais sur la théorie sexuelle*, *op. cit.*
4. *Trois essais sur la théorie sexuelle*, *op. cit.*

procuré par l'activité anale et ses produits, détermine tout son développement ultérieur[5]. » Jusqu'alors l'adulte a pu « insatisfaire » par son absence, le voilà maintenant qui se montre hostile au plaisir du petit enfant. « Dès lors, poursuit Freud, l'anal devient le symbole de tout ce qui est défendu, de tout ce qu'il faut écarter dans sa vie » : ce qui est sale, obscène, impur, corrompu, déshonorant... Et en même temps l'anal montre la voie diabolique aux rebelles qui n'accepteront pas de renoncer à leur autoérotisme. Satan en tête, qui s'opposa le premier à Dieu.

## *La première propriété*

L'enfant de l'âge oral fusionne avec sa mère. Françoise Dolto décrit une image du corps où l'enfant ingère avec sa bouche du corps maternel qui transite par son appareil digestif, et que sa mère vient manger à l'orifice anal. Ainsi l'un est-il l'autre (pour autant qu'ils soient différenciés), dans un enchevêtrement de boucles réversibles qui fait penser aux tores utilisés par Lacan.

À l'âge anal, l'enfant considère ses matières fécales comme une partie de son corps ; comme sa propriété. Elles deviennent le premier objet d'un échange avec autrui. Le premier « cadeau », dit Freud. Création d'une alternance entre l'évacuation, qui est un don fait à la mère et en même temps une soumission à sa demande, et la rétention. L'enfant peut prendre un plaisir sadique à refuser de satisfaire sa mère, et expérimenter ainsi le pouvoir qu'il a

5. *Trois essais sur la théorie sexuelle*, *op. cit.*

de la frustrer. Il y gagne le bénéfice d'un autoérotisme lié à la constipation.

Un adulte resté dans la logique anale percevra toute demande comme une tentative d'extorsion d'une partie de lui-même.

## *Faire avant de penser*

L'âge anal est musculaire, il est l'âge de l'action ; de la prise d'espace et de la prise des objets. Parmi ceux-ci, l'objet intermédiaire que représentent les *fèces* : à la fois partie du corps propre et partie du monde, elles intéressent l'enfant, dont elles sont la première propriété. Voilà la source du goût bien connu des enfants pour les pâtés et les constructions ; également de celui pour les collections diverses, cailloux, bouts de bois, plus tard timbres et pièces, plus tard encore objets de valeur et titres en Bourse.

En ces temps prégénitaux, il n'est pas question de découvrir des énigmes. L'activité de pensée n'apparaît qu'avec le mystère de la différence des sexes et de la conception des enfants. S'il a pu sublimer sa pulsion de maîtrise, l'enfant va la mettre au service de son envie de voir des rapports sexuels, de savoir ce qui s'y passe. D'où viennent les bébés et comment les fait-on ? Qu'y a-t-il avant la naissance, et après la mort ? Qu'est-ce que le temps figuré par la succession des générations ? Telles sont les premières questions philosophiques qui apparaîtront avec les préoccupations œdipiennes. Elles n'intéressent ni le bâtisseur ni le collectionneur, qui restent dans une problématique prégénitale du faire.

### *Quand Éros fait alliance avec l'agressivité*

Quand l'érotisme anal vient apporter une prime de plaisir à la pulsion de maîtrise, apparaît le sadisme, défini par Freud comme suit : « La satisfaction sexuelle est attachée à la condition que l'objet sexuel subisse des souffrances, des mauvais traitements et des humiliations[6]. » On sait que les enfants de deux à trois ans s'y emploient assidûment. Et encore plus, souligne Françoise Dolto, quand ils reprennent à leur compte les violences que les parents leur font subir dans l'apprentissage (traditionnel) de la propreté.

### *Perversion, perversité*

La perversion selon Alberto Eiguer : « Conduite sexuelle déviante dans laquelle le partenaire est considéré comme un simple objet au service de la satisfaction recherchée[7]. » Mais on peut faire preuve de perversité sans pour autant mettre en acte des perversions sexuelles. On parlera alors de perversion morale, ou perversion de caractère.

Le pervers moral est un malin qui sait manipuler autrui pour parvenir à ses fins. Comme il est dépourvu de sens moral, il n'en exprime ou n'en ressent aucune culpabilité – du moins pas consciemment. Il aime le secret, il éprouve du plaisir à la rétention. Il fait preuve d'habileté de raisonnement pour justifier sa conduite par des constructions apparemment théoriques.

---

6. *Angoisse et vie pulsionnelle*, in *Nouvelles conférences d'introduction à la psychanalyse*, Gallimard, 1984.

7. Alberto Eiguer, *La Jouissance et la Domination : des perversions sexuelles aux perversions morales*, Odile Jacob, 2001.

### *La fixation anale comme perversion*

Alberto Eiguer, toujours : « Le désir de rétention, le vœu de dénigrement, l'emprise évoquent une fixation anale, autrement dit rattachée à l'étape du développement infantile où il est question de la maîtrise de la propreté, dont un des excès serait la contrainte et la domination pour faire souffrir. »

### *Portrait du jeune enfant en anal-libéral*

Pour résumer :

L'enfant de l'analité devient grand, il comprend qu'il ne cessera jamais de grandir jusqu'à devenir maître de l'univers, comme ses parents le sont à ses yeux. Il est *mégalomane.*

Il a gardé de l'âge oral un fonctionnement narcissique que la découverte du monde transforme en *volonté de toute-puissance.*

Il découvre la *liberté* de mouvement, rien ne doit entraver son impulsion musculaire.

Il *refuse toute limitation, toute loi*, systématiquement perçues comme tyranniques. C'est un adepte de l'insoumission radicale. Quiconque s'oppose à lui est donc à éliminer – à tuer, s'il en avait les moyens.

Cet acte serait d'autant plus facile à commettre qu'il *n'a pas encore construit la représentation d'autrui.* N'ayant pas repéré la différence des sexes, il ne connaît pas d'autre posé comme différent de soi, aimable parce que différent, et auquel il pourrait en même temps s'identifier. C'est pourquoi, avant de se montrer cruel, il se montre *indifférent* (en langage moral, « égoïste »).

Son érotisme anal comprend deux dimensions. Plus exactement, la rétention permet deux sortes de satisfaction. D'une part, un plaisir autoérotique consistant à accumuler des matières – bientôt sublimé en *goût pour la collection et la propriété de divers objets* –, à ne pas donner à l'autre, et à faire ainsi souffrir par privation. D'autre part, un érotisme anal *sadique* : plaisir de salir l'autre, proprement dit de l'« emmerder ». Et également de le contraindre activement, de le dominer[8].

L'enfant anal, avec la motricité, découvre l'activité. *Il agit plutôt qu'il ne pense*. Par l'action il conquiert l'espace, comme il accumule les objets.

Il découvre dans ses excréments un premier objet, à la fois partie de son corps propre (et à ce titre modèle de toute *propriété* ultérieure) et premier *objet d'échange* avec sa mère. C'est le début du commerce.

Enfin, il acquiert les rudiments de la *perversion* : sadisme, indifférence à l'autre, refus des lois, goût pour ce qui n'est « pas propre » physiquement mais surtout moralement.

## *Fixations*

L'enfant peut rester fixé à ce stade, globalement ou partiellement. L'adulte peut y régresser dans certaines circonstances (conflits, situations perverses, culture ambiante).

8. Les hommes machos (et les femmes qui partagent leur imaginaire) confondent sexualité masculine active et domination anale violente, se condamnant à ignorer le féminin et à rester de ce fait dans la sodomisation symbolique.

Pour quitter la position anale, l'enfant va devoir accepter d'être castré (n'être qu'un homme, ou n'être qu'une femme) ; abandonner l'essentiel de son autoérotisme ; se soumettre aux lois collectives ; reconnaître l'autre comme différent de soi et compter avec son désir ; comprendre que toute fécondité est à ce prix.

Parcours difficile !

TROISIÈME PARTIE

# LA NÉVROSE COLLECTIVE LIBÉRALE

*Caractéristiques pour définir une névrose. D'abord son érotique : quel désir privilégie-t-elle, pour viser quel objet ? Mais aussi : quels sont ses mécanismes de défense préférentiels ? Quelles croyances, quels idéaux développe-t-elle ? Quel est son rapport à la loi ? Autant de dimensions qui permettent de cerner la névrose collective libérale.*

# 1

# Le désir libéral

*Où l'on tente de comprendre comment, en libéralisme, le désir s'écrase sur le besoin : autoérotisme de l'accumulation anale des biens, expulsion sadique du mauvais considéré comme excrément; au lieu d'une demande d'amour, volonté de toute-puissance; tuer dans sa victime sa propre culpabilité inconsciente; au final, le Rien.*

## *Besoin et désir*

La psychanalyse lacanienne distingue le désir du besoin et de la demande.

Le *besoin* vise un objet réel. La consommation de ce dernier entraîne la satisfaction. On parle sinon de frustration.

Le *désir* tient à une expérience perdue, un manque qui ne pourra jamais être comblé (au contraire du besoin). Il vise à retrouver un objet ancien (dont le paradigme pourrait être la mère manquante et interdite) à travers des « semblants » actuels, c'est-à-dire des objets qui, par un jeu de significations, par des effets de sens, présentent une similitude avec l'objet premier. Similitude seulement. Sans manque, pas de désir !

Quant à la *demande*, toujours formulée en mots, même quand elle se présente sous la forme d'une demande d'objet, elle vise en fait l'amour que signifierait le don de cet objet.

Le discours libéral développe la notion de « besoin naturel », refuse la demande puisqu'il valorise le fonctionnement autarcique, et méconnaît le désir (qui pourtant existe à un niveau dénié ou inconscient dans la névrose libérale).

En rabattant le désir sur le besoin, le libéralisme pratique une réduction perverse : la jouissance se présente comme le comblement d'un besoin. L'objet qu'elle vise est posé comme réel, d'une présence totale, et la satisfaction qu'il apporte est complète. Le pervers ne peut dire ou éprouver ce que dira le névrosé : « C'est bien, alors que ce n'est pas tout à fait ce que j'attendais », ou : « C'est autre chose mais c'est bien. » Pour le pervers (et le libéral), la jouissance est sans problème et sans profondeur, il en parle souvent dans un vocabulaire naturaliste et biologisant, il aime l'exhiber en toute simplicité, en toute innocence haut proclamée – alors que chez le névrosé elle se trouve masquée, ou discrète, parce que nouée à un interdit, une limite à franchir.

## *Autoérotisme de la rétention*

Le *self love* d'Adam Smith : s'aimer soi-même et prendre plaisir à ses autosatisfactions, logique du plaisir libéral.

À côté de l'autoérotisme, la psychanalyse décrit un autre registre, celui d'un objet d'amour, un autre que soi. Contrairement à l'amour de soi et de ses appartenances, l'amour de l'autre comporte une dimension tragique que l'homme libéral, concret et pragmatique, tient à méconnaître. Car si l'autre est reconnu dans le désir qu'on a de lui, la recherche d'un jouir de lui, avec lui, par lui est condamnée à ne jamais être entièrement atteinte : parce qu'il ex-iste (est placé au-dehors de moi), l'autre manque, et avec lui la totale jouissance.

Voilà notre condition de sujet parlant, c'est-à-dire séparé du réel : tel l'œil du cyclone, le manque, comme le non-sens, est au cœur de nos désirs, les relançant d'autant et nous condamnant à ne pas connaître de jouissance définitive.

Au contraire du projet libéral, qui promet la disparition de la rareté, seule source pour lui de déplaisir. Avec le progrès (et sa marche naturellement indéfectible pour peu qu'on lui laisse le champ libre) viendrait la parousie. D'énormes quantités de plaisir sans que plus rien ne manque !

Entre l'autoérotisme du tube digestif, de la bouche à l'anus, et l'érotisme génital, le libéral fait son choix.

## *Une science du désir ?*

L'économie libérale se veut une science du désir. Ce qu'elle en retient, ce n'est pas la nécessaire castration, la limitation opérée par la loi qui permet, comme le dit Pierre Legendre, d'« instituer l'humain ».

Non, l'économie libérale opte pour l'inhumanité du désir : sa dimension illimitée, le toujours et encore plus du développement capitaliste, justifié par le mythe du progrès souhaitable et (comme les choses sont bien faites !) inévitable. Elle se veut la science d'une grande bouffe, organisée dans un calcul infini dont l'unité sonne sans jamais trébucher, une valeur anonyme qui s'accroît d'elle-même et en quoi tout s'équivaut. Ainsi la qualité devient-elle quantité, et l'illimité se gère.

## *Hommes-dieux et hommes-machines*

Dès la première phrase de son *Léviathan*, Hobbes donne une clé du désir libéral : l'homme est comme un dieu. Si l'art pratiqué par Dieu est la création de la nature, dit-il, celui de l'homme consiste à fabriquer un animal artificiel. Un robot qui prendra différentes figures au cours des âges : machine d'hier et automate d'aujourd'hui, mais également animal de trait ou de trot, esclave puis prolétaire – en attendant le clone de demain, susceptible d'opérer la synthèse biomécanique des deux types de servants[1]. Car, selon Hobbes, la vie « n'est qu'un mouvement des membres », observable aussi bien dans une montre que dans un homme. « Qu'est-ce que le cœur, sinon un ressort ? », écrit-il.

Deux sortes d'hommes, donc. Les uns (les entrepreneurs) sont des hommes-dieux pratiquant l'art divin de fabriquer les animaux artificiels et de commander aux autres (les salariés[2]), assimilés à ces machines[3].

1. Mary Shelley l'a préfiguré dans son *Frankenstein*.
2. Étymologiquement, ceux qui reçoivent une solde – un sou – sous forme de sel.
3. On sait que, pour Viviane Forrester (*L'Horreur économique*, Fayard, 1996), le projet postmoderne consiste à remplacer les prolétaires par des machines, plus fiables et posant moins de problèmes.

## *Indéfini besoin*

Le fait que le besoin se renouvelle sans cesse, voilà la source de l'expansion infinie de notre société. C'est ce qu'affirme Adam Smith, pour qui les appétits insatiables n'entraînent ni corruption ni décadence, mais conduisent à l'expansion permanente de la machine de production des biens et services, sources de la satisfaction.

C'est pourquoi il faut réhabiliter le besoin, tous les besoins, contre le droit et la morale. L'*avaritia* médiévale devient la source de l'abondance.

## *La même soupe, quel que soit l'âge du pot*

David Hume, 1741 : pour gouverner les hommes, « il faut rendre leur avarice insatiable, leur ambition démesurée et tous leurs vices profitables au public[4] ». Stock-options et intéressement, consumérisme...

Pourquoi ne pas faire de chaque citoyen un (semblant de) capitaliste ? Faisons-lui goûter les joies de l'analité : être propriétaire de son petit caca, à défendre contre l'insécurité ; être repu des joies autoérotiques de la consommation ; être flatté dans sa personne. Soyons tous des moïstes profiteurs...

## *Toujours plus de pouvoir*

Parfaite congruence de la volonté de toute-puissance sadique-anale et de la logique libérale du pouvoir. Hannah Arendt : « Pour Hobbes, le pouvoir

4. David Hume, *L'Indépendance du parlement* (1741).

est le contrôle accumulé qui permet à l'individu de fixer les prix et de moduler l'offre et la demande de manière à ce que celles-ci favorisent son profit personnel. [...] Par conséquent, si l'homme n'est réellement motivé que par ses seuls intérêts individuels, la soif de pouvoir doit être sa passion fondamentale[5]. »

Cette loi individuelle est aussi une loi sociale : pour garantir le statu quo entre les individus et entre les groupes rivaux (monopoles et autres) dont l'objectif est d'anéantir le concurrent, un processus permanent d'accumulation de pouvoir est nécessaire. *The biggest is the strongest!* « Le processus illimité d'accumulation du capital, poursuit Hannah Arendt, a besoin de la structure politique d'"un Pouvoir illimité", si illimité qu'il puisse protéger la propriété grandissante en accroissant sans cesse sa puissance. » Aujourd'hui, un pouvoir crypté dont l'État n'est qu'un relais – jamais assez fidèle, si l'on en croit les plaintes des libres entrepreneurs.

## *Bientôt*

L'homme est l'ennemi de l'homme. Le frère est un rival définitif dans la possession des biens. Le père, sous les figures de Dieu puis de l'État, veut imposer d'insupportables limites. Sa morale n'est pas morte, elle empêche encore le cochon qui sommeille en chaque consommateur de s'éveiller et de s'ébattre librement dans la porcherie décrite par Pier

5. Hannah Arendt, *Les Origines du totalitarisme*; vol. 2 : *L'Impérialisme*, Seuil, 1998.

Paolo Pasolini. Autant d'obstacles au désir de toute-puissance.

Plus profondément, deux limites restent à vaincre : la mort, et la différence des sexes. Pour un temps… La science travaille à réaliser les rêves les plus fous du libéralisme, et surtout à y faire croire ! Bientôt, un jour, nous serons des immortels cryogéniques débarrassés de la nécessité de passer par un(e) autre pour nous reproduire.

## *Le capitaliste, le tueur fou*

À l'heure de la libéralisation du monde, « la classe financière n'habite plus l'économie mais la scène de la gouvernance, écrit Denis Duclos. En sapant une monnaie, en soutenant tel régime docile à ses injonctions, elle affirme son pouvoir managérial et défie la démocratie. Jouant de l'immense accroissement des capitaux depuis quinze ans, elle s'est déjà approprié des pans entiers de l'économie-monde, et en contrôle le reste par sa capacité de raids destructeurs[6] ».

Faut-il entendre que, au moment où le capital serait en mesure d'établir le bonheur collectif qui est sa visée, si l'on en croit Adam Smith et ses émules, un grain de sable s'est glissé dans les rouages de l'harmonie libérale ?

Pour George Soros, fin connaisseur en la matière, la destinée des marchés ne serait pas l'équilibre, mais au contraire la catastrophe autoamplificatrice. Selon Denis Duclos, « nous semblons attirés par la proposition d'un vaste jeu dont "tout perdre" serait

6. « Patrons fraudeurs et tueurs fous », *Le Monde diplomatique*, août 2002.

l'enjeu». Enflure et déconfiture boursière du Nasdaq; jeux d'OPA et de rachats d'entreprises conduisant à leur démantèlement et à leur appauvrissement; destruction des services publics patiemment mis en place au prix de longs efforts; pokers menteurs des grands patrons qui jouent avec les ressources des contribuables le temps de construire une déroute économique (Crédit Lyonnais, France Télécom ou Vivendi, pour nous limiter à l'Hexagone), pendant que, dans les coulisses, les vrais décideurs financiers attendent leur heure pour frapper : quelques ventes, quelques achats bien placés, Vivendi Universal chute, Enron ou WorldCom deviennent des escrocs; à une plus vaste échelle, des pays entiers sombrent dans la faillite (depuis 1994, le Mexique, la Thaïlande, la Corée du Sud, la Russie, le Brésil, la Turquie, l'Argentine...). Le pouvoir financier se prouve qu'il est maître du monde en dépouillant autrui. Comme si un jeu de violence financière venait poursuivre et remplacer le jeu de la violence physique. Après les génocides et le pillage des Amériques et de l'Afrique, la mise en coupe réglée de l'Orient, les raids sont devenus spéculatifs. Les actions et leurs dividendes sont des bombes qu'actionnent des bataillons de *traders*.

Denis Duclos établit une comparaison entre ces financiers et les tueurs fous dont Pierre Legendre a donné une interprétation dans *Le Crime du caporal Lortie*[7]. Parce qu'il se sent réduit à rien, le tueur fou cherche à acquérir une existence reconnue de tous en accomplissant un crime collectif. Il cherche à

---

7. *Le Crime du caporal Lortie : traité sur le Père*, Fayard, 1989.

anéantir l'autre en s'anéantissant. Quand il ne réussit pas à se suicider, il réclame invariablement d'être exécuté. Telle est sa jouissance inconsciente, une fusion dans la mort entre son corps individuel et le corps collectif de la société représenté par ses victimes.

Roger Zagdoun a proposé de la Shoah une interprétation dans laquelle l'Allemagne est comme une mère qui ferait subir à son fils juif un anéantissement incestueux. Pour lui, le désir d'autodestruction est un désir de retourner au néant d'avant notre procréation. C'est le sens que prend l'idée de retourner au sexe de sa mère. Ce désir incestueux est au cœur de ce que les psychanalystes appellent la pulsion de mort. Autrement dit, là où il y a mort et autodestruction (de soi-même ou projetée sur l'autre), il y a jouissance incestueuse inconsciente.

Quand il fusionne avec le corps social en tuant le plus de gens possible et en s'anéantissant avec eux, le tueur fou est dans cette jouissance. Au niveau collectif, celle-ci fait retour (c'est-à-dire qu'elle sort du refoulement) quand les lois qui l'interdisent et les pères sociaux qui représentent les lois viennent à faiblir.

Sans foi ni loi, les décideurs financiers se livrent à un jeu équivalent de violence destructrice. Une violence dirigée d'abord contre l'autre, qui devient ivresse autodestructrice quand elle ne rencontre ni limite ni interdiction. Un jeu vain, puisque rien ne vient contenir leur folie.

Le délinquant va toujours trop loin, jusqu'à trouver enfin la loi qui s'était absentée. Faute de la rencontrer, il va jusqu'à s'offrir en holocauste, dans un geste de défi sacrificiel qui n'est pas seulement nihiliste : c'est aussi un appel ultime, une dernière quête de reconnaissance. Un acte qui comporte le versant incestueux inconscient décrit plus haut, et en même temps la recherche d'un père qui viendrait l'interdire. Quand il n'y a pas de commandeur, ne reste qu'une jouissance autopunitive. Faute de rencontrer la loi, il faut bien s'en infliger à soi-même un ersatz, bien plus terrible.

Saurons-nous entendre l'appel des destructeurs du monde ?

## *Le mal est un boomerang*

Dimension projective du mal : la folie de la persécution.

Michael Moore, dans son film *Bowling for Columbine*, pour expliquer la violence aux États-Unis : des Blancs puritains victimes de persécutions religieuses en Europe se réfugient en Amérique du Nord, nouvelles Indes paradisiaques. Ils se heurtent à un persécuteur nouveau, mais moins puissant qu'eux. La souffrance subie ne développe pas le sens moral : ils pratiquent le génocide des Indiens, les remplacent par des esclaves noirs, qu'ils martyrisent. Aujourd'hui, leur crime se retourne contre eux. S'estimant persécutés par ces mêmes Noirs, ils se barricadent dans leurs propriétés privées et s'arment pour se défendre. Car aux États-Unis le viol est noir, la délinquance est noire : le mal est noir.

Lady Macbeth n'en finit pas de se laver du sang qu'elle a fait couler.

Plus les libéraux refuseront de reconnaître leur faute, plus leur culpabilité inconsciente les persécutera et plus ils seront amenés à tuer dans leur victime leur propre faute. C'est pourquoi le programme décrit par Viviane Forrester dans *L'Horreur économique*, s'il n'est pas « scientifique », renvoie à un fantasme qui hante l'homme libéral : celui-ci nourrit l'illusion qu'en achevant la classe laborieuse qu'il a détruite physiquement et symboliquement, en allant au bout de son entreprise d'élimination, il fera disparaître son crime, et donc sa culpabilité inconsciente. Voilà une bonne raison pour estimer qu'il n'y a (presque) plus d'ouvriers[8].

## *Le libéralisme comme nihilisme*

Écoutons le poète : et si la planète était entièrement livrée à l'esprit de libéra(lisa)tion, c'est-à-dire de révolte sans fin ? La dictature du calcul, gouvernée par l'économie politique en quoi tout se résout, s'appuyant sur la science comme vérité nouvelle, serait au cœur du « processus » en cours. Un autre nom pour désigner la force anonyme mondialisée qui abat toute limite pour ouvrir l'énormité du possible. « Le processus serait comme une guerre sans quartier à tout ce qui vit, à tout ce qui respire. Une guerre dirigée contre l'existence elle-même. En apparence, donc, elle tendrait vers le Rien[9]. »

8. En 2003, la population française est constituée à 60 % d'ouvriers et d'employés.
9. François Meyronnis, « Le microbe vierge », *L'Infini*, n° 80.

# 2

# Les objets d'amour libéraux

*Où l'on identifie les objets d'amour libéraux – le goût des matières anales, leur sublimation grâce au jeu des métaphores, le fétiche comme refus de la sexuation, la confusion de soi et de l'objet, la persistance de l'avidité orale et de la mère pourvoyeuse dans la figure du Marché.*

## *L'argent l'excrément*

Freud : « Les relations entre les complexes apparemment si disparates de l'intérêt pour l'argent et de la défécation se manifestent à profusion. Tout médecin qui a pratiqué la psychanalyse sait bien que c'est en empruntant cette voie qu'on peut faire disparaître les cas les plus opiniâtres et les plus durables de ce qu'on appelle constipation habituelle des malades nerveux [10]. »

---

10. *Caractère et érotisme anal*, in *Névrose, psychose et perversion*, PUF, 1973.

Il remarque également que, à l'époque où l'enfant désinvestit les plaisirs de la défécation, il se met à s'intéresser à l'argent.

Freud, encore : « Partout où a régné ou bien persiste le mode de pensée archaïque, dans les civilisations anciennes, dans le mythe, les contes, les superstitions, dans la pensée inconsciente, dans le rêve et dans la névrose, l'argent est mis en relation intime avec l'excrément. »

On sait par quel orifice l'âne d'Apulée produit des pièces d'or. Quant à la poule aux œufs d'or, c'est par son cloaque qu'elle pond.

## *Le caca comme valeur*

En posant une équivalence entre l'argent et les *fèces*, l'inconscient joue-t-il avec les mots et les valeurs, dans l'équivalent d'un mot d'esprit, d'un *Witz* où ce qui est en haut serait comme ce qui est en bas ? On sait que l'inconscient ignore le principe de contradiction. Pour lui, ce qui a le plus de valeur est comme ce qui en a le moins. Autrement dit, ce qui lie l'argent et la merde, c'est la valeur – pour l'inconscient, que celle-ci soit maximale ou minimale est un détail. La richesse nourrit une complicité avec le déchet.

## *L'intestin virtuel*

La banque est un lieu obscur où l'on cache et protège l'argent : une métaphore intestinale.

Avec la monnaie scripturaire d'aujourd'hui (non plus inscrite sur une rondelle ou une feuille de papier, mais sur un disque pas si dur que cela), l'argent devient virtuel : une modalité moderne du secret. Voilà l'intestin sublimé, passant directement de l'état solide à l'état gazeux : invisible et impalpable.

C'est que l'argent doit avoir le moins d'odeur possible. Il faut sans cesse chercher à effacer son origine nauséabonde. D'où la passion de l'ordre et de l'hygiène. D'où l'intérêt pour cette nouvelle trouvaille : le virtuel.

## *Merdre !*

Ubu, ou la dictature de l'intestin. Le ventre plein d'or, il n'en lâche pas un pet ! Quel coffre ! Féroce contre le monde entier ligué pour lui ravir sa gidouille.

L'homme libéral souffre d'un complexe : le complexe d'Ubu.

## *Jarry sismographe*

En 1896, lorsqu'il publie *Ubu roi*, Alfred Jarry n'a pas eu l'occasion de lire Freud – et encore moins les propos sur l'analité que celui-ci n'a pas encore écrits. Dans la présentation de sa pièce, il précise qu'*Ubu roi* parle souvent de trois éléments. D'abord de la physique, « qui est la nature comparée à l'art, le moins de compréhension opposé à plus de cérébralité ». C'est le consentement à la matière ; le choix du concret contre l'idée, du pragmatisme contre le rêve de la pensée. Il parle également de la *phynance*, et parallèlement de la *Merdre* (avec une majuscule).

En trois mots, Alfred Jarry trace le portrait du nouvel homme, en son époque du triomphe de l'industrie capitaliste.

## *Fétichisme*

Freud : quand le petit garçon constate que sa mère est dépourvue de pénis, il est saisi d'effroi. Va-t-il lui arriver la même chose ? Pour échapper à cette catastrophe, il fait comme si sa mère était phallique : il dénie sa castration. Dans le même temps, il reconnaît sa mère comme femme : le pervers opère un clivage du *moi* qui lui permet de penser et vivre deux choses différentes à la fois sans ressentir de contradiction. En ce sens il est adepte, en toute innocence, du double discours (permanent dans la rhétorique libérale).

Ce refus de la différence des sexes fixe le pervers à des jouissances anales, et lui donne le goût des fétiches.

Freud : pour le fétichiste, « la femme possède un pénis, mais plus celui qu'il était avant[11]. Quelque chose d'autre a été désigné comme substitut ». C'est un objet qui n'est pas exactement un équivalent, mais plutôt un intermédiaire laissant planer le suspens, écrit Alberto Eiguer, entre déni et reconnaissance de la castration.

Pour maintenir cette vérité fallacieuse, le fétichiste élabore des théories qui ont pour fonction de justifier le mensonge premier. Des théorisations ne nécessitant ni preuve ni expérience, n'admettant pas la contradiction. Fonctionnant comme pensée unique.

11. Plus le pénis réel dont l'enfant la croyait pourvue.

## *La monnaie comme fétiche*

La monnaie est une valeur artificielle. Elle est fiduciaire, dans la mesure où elle s'appuie sur la foi qu'accorde chacun à sa valeur. Valeur d'échange, elle permet d'acquérir n'importe quelle valeur d'usage. En ce sens elle remplace tout, elle tient lieu de tout, elle est un équivalent généralisé. Quand elle devient capital, elle est le dépôt anonyme et inanimé de la plus-value extorquée au travail vivant. Tel un fétiche, elle s'est abstraite de la sueur et du sang qui furent nécessaires à son accumulation.

Pour le pervers, le fétiche (du latin *facticius*, « artificiel », également « envoûtement ») qui le fait jouir recèle une partie de l'âme de son usager. Il s'agit en général d'une pièce de linge, d'un mouchoir, d'un soulier. Le fait d'avoir volé cet objet ajoute au plaisir, c'est pourquoi le fétichiste est souvent kleptomane.

Le fétiche est un objet « pétrifié », à travers lui l'humanité de son premier propriétaire est désaffectivée et réduite à un aspect matériel. Il est important pour le fétichiste de privilégier la matière au détriment de l'émotion immédiate.

## *La matière du désir*

Le désir libéral vise le « produit », maître mot de l'industrie et du commerce ; la matière, et non autrui. Il renvoie à un besoin digestif – qui peut se présenter sous les dehors de l'avidité orale aussi bien que de l'avarice anale –, non à un désir génital.

Pour atteindre le bonheur, l'homme libéral accumule indéfiniment des biens matériels, des valeurs, dans une logique d'intérêt personnel.

Son orgueil, son égoïsme, son goût du luxe, sources de la vertu libérale, pourraient être compris, à la manière hégélienne, comme un désir de reconnaissance. On serait alors dans la logique du désir du désir de l'autre reprise par Lacan. L'accumulateur de richesses serait mû par le besoin d'être admiré par l'autre.

Ce serait confondre l'ostentation de l'âge classique, où l'homme de pouvoir étale la magnificence de richesses qu'il ne possède pas en propre mais du fait de sa charge et qui sont un théâtre où la société s'admire, avec l'avarice de l'âge libéral, où le magnat cache son avoir de peur de faire envie.

Car ses envies ne le mettent pas en rapport avec un autre. Les économistes libéraux prétendent que, si le sujet désire l'objet possédé par l'autre, ce n'est pas parce que celui-ci le détient. Si l'abondance lui permettait de l'acquérir sans avoir à le prendre à autrui, la violence n'existerait pas. Ainsi, il n'y aurait même pas de jouissance sadique à priver l'autre d'un bien, ce qui serait une reconnaissance *a minima*. Mais, hélas pour le libéral, la rareté est forcément là puisque son besoin est infini ! Il se trouve donc « contraint » à déposséder l'autre de l'objet. Il le prend où il le trouve, sans se soucier du reste. C'est-à-dire de l'autre.

## *Molière perspicace*

La passion libérale a été mise en scène par Molière. C'est l'inclination pour les précieuses matières qui doivent être cachées, conservées, contenues, défendues contre l'autre, lequel est conçu en miroir, selon un mécanisme de projection : sa rapacité supposée est la figure inversée du désir de garder pour soi.

Joie autoérotique de la constipation chez l'avare. Il réussit mieux que le jeune enfant découvrant qu'il peut retenir ses précieuses matières en contrôlant ses sphincters. Il les garde en lui, les accumule dans un lieu intestinal. Supériorité de l'argent sur la merde : la possibilité d'accumulation devient infinie. On peut rêver de ne jamais donner. Alors que les sphincters finissent toujours par lâcher.

### *Jouir libéralement de l'autre*

Le libéral veut se faire le manager de la jouissance de l'autre. Alberto Eiguer : « Ce n'est pas tant que l'autre n'existe pas, mais qu'il faut le faire entrer dans la logique de l'absence de miroir, pour que l'autre baisse son prix, pour qu'il réclame le moins possible et pour qu'il soit en conséquence disposé à se vendre. Le discours cynique est à cet égard un bon outil. »

### *Transit de la ressource humaine*

Le tractus de digestion de la valeur commence par un malaxage de la ressource humaine. Il faut en effet la rendre adaptable et souple à la suite d'un masticage pédagogique, qui n'est pas à la hauteur, hélas, de ce que l'on en attendrait. C'est pourquoi il serait bon de mêler à la salive lycéenne et universitaire quelques agents industriels propres à accélérer les métabolismes de l'apprentissage.

La ressource est ensuite avalée dans le tractus du travail, où elle suivra les différentes étapes d'une carrière qui lui fera progressivement perdre ses qualités nutritives. En fin de parcours, si elle n'a été victime d'aucune indigestion (ce qui devient de plus en plus fréquent), elle se trouve transformée en un déchet qui sera expulsé avec tous les égards dus à son trajet.

Le plus souvent, ce n'est qu'à la sortie, quand elle se trouve transformée en étron, que la ressource humaine prend conscience de la logique du transit.

## *Question de vie ou de mort*

Découvrant la perte de sa chère cassette, Harpagon se voit mort : « Je suis perdu, je suis assassiné ! On m'a coupé la gorge, on m'a dérobé mon argent ! » C'est que sa propriété est une partie de son corps propre. La perdre le plonge dans un état de déréalisation tel qu'il s'en prend à lui-même : « Rends-moi mon argent, coquin !... Ah ! c'est moi. Mon esprit est troublé, et j'ignore où je suis, qui je suis, et ce que je fais. »

« N'y a-t-il personne qui veuille me ressusciter, en me rendant mon cher argent, ou en m'apprenant qui l'a pris ? » Il s'agit d'une question de vie ou de mort, puisque c'est son intégrité qui est atteinte. L'autre, c'est-à-dire tout autre, le genre humain dans sa totalité, l'a privé de son bonheur autarcique, un autre qui ne peut être qu'un ennemi absolu, contre qui tout est permis, support d'une haine totale susceptible d'envahir l'univers entier jusqu'à l'autodestruction : « Je veux faire pendre tout le monde ; et, si je ne retrouve mon argent, je me pendrai moi-même après ! »

## *L'inestimable objet*

Avec la découverte des sexes, l'enfant découvre l'altérité. Sa mère désirée apparaît sous un nouveau jour, celui d'une différence incernable. Elle n'est plus un sein à consommer, bénéficier de ses biens et services n'est plus jouir de ses propriétés dans l'indistinction du tien et du mien (ce qui est à elle est à moi). Il y a en elle quelque chose d'autre, un autre dont je ne peux être le nourrisson propriétaire.

Voilà qui est libéralement insupportable.

## *Le Marché comme mystique maternelle*

Le Marché nous porte, il suffit d'écouter en nous le Marché pour trouver l'harmonie. À rapprocher de la conception antique du cosmos : le bon et le juste consistent à être en accord avec lui.

Le Marché présente tous les caractères de la mère du stade oral : il suffit de s'en remettre à lui pour ne manquer de rien, il est pourvoyeur de satiété. Il est un sein nourrissant, plus proche de l'oral et de l'anal que du génital.

Tout ce qui nous éloigne de la mère orale est mauvais. *Exit* ce qui peut faire penser au père sexué et porteur de loi, de près ou de loin. Rien ne doit nous empêcher de jouir d'elle en paix.

# 3

# Le style pervers, un mécanisme de défense

*La perversion, mécanisme de défense préféré du sujet sadique-anal : refuser la réalité de la castration et de toute limitation; faire la loi au lieu de s'y soumettre; mais soumettre l'autre; raisonner faux.*

## *Je suis la vérité*

Daniel Sibony : « La perversion est un traumatisme assumé [12]. » Il y a eu effondrement, perte allant jusqu'à la perte du sens. Le pervers décide de ne pas en souffrir, de ne pas en rester à l'appel du manque et à ses multiples fantasmes et croyances. Il n'y a plus de dieu ? Soit ! S'il n'est pas, c'est que j'en ai voulu ainsi, je l'ai tué. Plutôt que de souffrir, le pervers assume. Il se fait la cause de ce qu'il subit. Il prend tout sur lui, il devient tout.

---

12. *Perversions : dialogues sur des folies « actuelles »*, Grasset, 1987.

Les lois, comme les mots et les personnes qui les énoncent, ne sont hélas que des vacuités. Le pervers cherche en vain un être qui ne mente pas, c'est pourquoi il passe l'autre à la question. Seuls les objets tiennent le coup sous ses attaques... car ils présentent le mérite de ne pas parler ! La chose, comme fétiche, vient remplacer l'autre perdu, et annuler cette perte. Plutôt des chiffres que des mots, le calcul que les ratiocinations. La chose de l'économie : la richesse, des biens à foison. Le bonheur se calcule, il ne s'éprouve pas. Voilà qui est vrai, qui ne trompe pas.

Car le pervers a la passion de la vérité. Il a besoin d'une loi tellement parfaite qu'il démasque avec passion les défaillances de toute loi. Aucune ne trouve grâce à ses yeux. C'est pourquoi il se trouve contraint d'incarner lui-même la loi. C'est lui qui va donner un sens à la vie : il construit un nouveau système bâti sur lui-même. L'individualisme libéral, c'est cela : faire de soi la mesure de toute chose. Ma vérité est la vérité, puisque je la dis ! Le pervers s'y emploie, à force de montages de discours où persiste toujours, pour son auditeur, un vice caché : il y a chez lui, indistinctement, quelque chose d'idéaliste (rationalisations abstraites de la réalité), de vrai (le cynisme plutôt que l'illusion), de cruel (l'autre n'existe pas) et de programmé (il est dans la maîtrise). Pas de transcendance, pas de mystère, pas d'inconnu [13], pas d'imaginaire, mais uniquement du maîtrisable. Nous sommes tous à l'origine de la loi du Marché, dira-t-il, elle est faite de chacune de nos

13. Au pire, du pas encore connu, mais qui le sera bientôt grâce à la science.

décisions, de nos libertés. Ainsi le pervers est-il un sauveur de l'humanité : il fonde un nouvel « humanisme » mégalomane où le sujet individuel est, malgré lui et quoi qu'il fasse, la mesure de toute chose et la source unique du bonheur.

## *Le discours libéral*

Le discours libéral présente différentes variations sur le thème de la stratégie perverse. Les « communicants » en ont fait leur boîte à outils. Voici quelques mécanismes dont les raffarinades sont l'illustration.

*Le paralogisme* : les propos emportent la conviction par leur apparence de logique ou d'évidence. Examinés de près, ils n'en ont que l'habit. Exemple : « Il y a eu négociation, puisque le ministre a entendu les syndicats. »

*L'orientation vers l'universalité* : on prend la partie pour le tout, en réalisant des inférences injustifiées. Exemple : « Tous les rangs de la société sont au même niveau, quant au bien-être du corps et à la sérénité de l'âme, et le mendiant qui se chauffe au soleil le long d'une haie possède ordinairement cette paix et cette tranquillité que les rois poursuivent toujours » (Adam Smith).

*La rationalisation* : en général une enfilade de lieux communs qui ne peuvent qu'obtenir l'assentiment du destinataire moyen (c'est fait pour ça !), afin de déboucher sur le résultat attendu – il est bon que les riches soient riches, et pauvres les pauvres, ainsi les pauvres deviendront-ils riches ; ou une formule approchante sur la propriété (version classique) ou la liberté (version néo).

*Le scientifisme* : une variante de la modalité précédente, en plus sérieux. Exemple : présenter les évolutions de la Bourse au travers de formules mathématiques, alors que les cours sont affaire de crédulité et de supputations à trop courte vue.

*Le moralisme* : la technique consiste à chevaucher la morale en cours, de façon plutôt rigoriste et respectable, et à énoncer sans faiblir, mais avec habileté, ce qui la contredit en tout. Exemple : l'effondrement de la bulle spéculative des télécommunications est dû à quelques acteurs malhonnêtes. Avec de nouvelles règles comptables et la transparence dans l'éthique, les profits vont revenir.

*Le cynisme mâtiné de résignation* : hélas ! les choses sont ce qu'elles sont, il faut bien faire avec !

*L'héroïsme viril* : la loi de la vie est la concurrence. Seuls le courage, la pugnacité, le goût de l'effort, l'insensibilité dans les coups portés à l'ennemi permettent d'œuvrer pour le bien commun – mais surtout personnel.

## *Pauvreté versus liberté*

« L'accord qui fonde l'OMC énonce que l'objectif de l'institution est d'augmenter le niveau de vie partout dans le monde et pas de maximiser les échanges commerciaux en tant que tels[14]. » Curieusement (par un jeu de passe-passe dont nous commençons à être avertis), l'autre est devenu synonyme de l'un. L'OMC sait comment faire pour

14. Dani Rodrik, historien de l'économie et spécialiste de la mondialisation, dans *Le Monde Économie*, 9 septembre 2003.

sortir les pays du tiers monde[15] de la pauvreté : par la liberté, qui permet d'éradiquer les mesures protectionnistes des pays les plus faibles, d'ouvrir leurs frontières et de les féconder par les œuvres des exportations occidentales. Ainsi les pauvres seront-ils sauvés en enrichissant les riches.

Naïveté libérale, ou cynisme ? À moins que dans cette alternative, par un jeu encore plus pervers, l'un vienne couvrir l'autre : le déni de réalité permet à la rapacité d'opérer en toute impunité, sous le couvert de l'ignorance...

## *Mécanismes de défense pervers*

Les mécanismes de défense sont des ruses permettant au désir inconscient de trouver les voies de la satisfaction malgré la vigilance de la censure.

*Le déni* : on l'a dit, la perversion trouve sa source dans le refus de reconnaître la réalité de la différence des sexes. Le garçon ne veut pas accepter de voir sa mère telle qu'elle est, il affirme voir un pénis là où (croit-il) il n'y a rien. Cette attitude se généralise. Le pervers ne voit pas certaines réalités, il perçoit certaines irréalités. Il pourra soutenir, avec franchise, que les chômeurs sont des nantis, que certaines guerres sont propres, que les morts des Twin Towers ont plus de valeur que les enfants qui meurent de faim toutes les vingt secondes dans le monde, etc.

*Le clivage* : en refusant l'absence du pénis chez la femme tout en l'acceptant, le pervers réussit ce tour de force de faire exister en lui deux postulations

---

15. On a vu qu'autrefois le « tiers état » était l'état des sans-nom.

contraires : son *moi* est clivé. En lui cohabitent en bonne entente Doctor Jekyll et Mr. Hyde. Comme aux États-Unis se côtoient en toute tolérance et ignorance les ghettos noirs, hispanos, caraïbes, asiatiques, blancs… Ainsi, tel patron[16] qui dégraisse en semaine peut visiter ses pauvres le samedi : en lui cohabitent l'homme des nécessités du Marché et le bon chrétien ou l'homme d'une exquise moralité.

*La maîtrise* : le pervers est enchaîné dans l'envie du pénis d'une mère qui n'a pu devenir femme. Celle-ci l'a séduit en le convainquant qu'il était son grand tout : son invincible phallus. Le pervers cherche à en retrouver la garantie dans le regard de sa victime : c'est là qu'il existe. Ce que le libéral recherche également dans le regard de son salarié, de son consommateur, de son politicien. L'un et l'autre développent des trésors de séduction pour voir confirmé le sentiment qu'ils sont le maître. Le pervers combattra contre vents et marées pour défendre la croyance que sa mère a investie en lui, sans laquelle il n'est rien. « Le Marché est grand, et je suis son prophète ! »

*La maîtrise, encore* : le pervers est avec sa mère dans un monde du « tout plaisir ». Aucune instance paternelle n'a le droit de se glisser entre eux. Aucune loi. C'est pourquoi il refuse la culpabilité que pourtant il éprouve. Il la transforme en une injuste persécution dont il pense être la victime. Ainsi retourne-t-il la faute contre celui vis-à-vis de qui il se sent coupable. Exemple type : cette femme m'a conduit à la violer, elle est perverse ! De la même façon, tous les exclus du système libéral sont des persécuteurs : jeunes, chômeurs, beurs, immigrés,

16. Et tout un chacun !

exploités et colonisés divers. La preuve, il leur arrive de ne pas accepter leur sort et d'être violents !

## *Théorique ou rhétorique ?*

Nous avons vu comment, pour le pervers, les choses peuvent être tout en n'étant pas, à l'image du phallus maternel. Quant à la loi, il sait qu'elle est en défaut.

Il ne s'arrête pas au jugement de réalité ni à la logique du raisonnement. Il se condamne à bâtir des systèmes de justification sans fin, puisque rien ne les fonde. Il ne croit pas vraiment à ses échafaudages, il est dans le mentir vrai. Car qu'est-ce que croire ou ne pas croire ? Quand on veut croire à ce que l'on dit, ou quand on réussit à convaincre autrui, une affirmation ne devient-elle pas vraie ? Ses théories ne cherchent pas à faire avancer la pensée, car il sait d'avance ce qu'il faut penser. Elles servent à agir sur l'autre pour l'enchaîner à l'ordre de ses propres désirs. C'est pourquoi il va donner à ses discours les apparences de la logique et de la science : on n'attrape pas les mouches avec du vinaigre !

## *Français, encore un effort si vous voulez être libéraux*

Sade au cœur du moteur libéral. Ses rationalisations sont un modèle de discours pervers.

« La religion est incohérente au système de la liberté[17]. » Par conséquent, il convient d'aller au

17. Donatien Alphonse François de Sade, *Français, encore un effort si vous voulez être républicains*, J.-J. Pauvert, 1965.

bout de la logique qui a commencé avec le meurtre du roi et doit se continuer avec la négation de Dieu et de ses lois. Sade soutient donc qu'« en accordant la liberté de conscience, [...] on doit accorder celle d'agir ». Cette nouvelle disposition n'augmentera pas le crime : puisque le crime est ce qu'interdit la loi, il suffit que la loi n'interdise à peu près rien ! À la république, Sade associe donc un libéralisme intégral.

Il faut d'abord, dit-il, qu'un « petit nombre de lois [soient] d'espèce à pouvoir s'adapter facilement à tous les différents caractères ». Voilà qui est finement raisonné : si une loi ne prend pas en compte l'individu, elle est injuste ! Une bonne loi ne peut donc « exiger que des hommes de caractères inégaux se plient à des lois égales » sans violer le principe d'égalité qui orne le fronton de la République... On peut même pousser le raisonnement un peu plus loin, toujours avec Sade, et finir par disculper les brigands et les vicieux du fait de l'empathie qui caractérise notre XXI^e^ siècle. Ne croirait-on pas entendre ici le chœur des mères post-modernes tellement attachées à leurs enfants chéris qu'elles leur pardonnent tout : « Quel sera le comble de votre injustice si vous frappez de la loi celui auquel il est impossible de se plier à la loi ! »

Sade passe ensuite en revue les quatre types de délit que condamne la religion.

La *calomnie* favorise la vertu. Elle est bonne si elle s'applique justement, car elle oblige l'homme attaqué à s'amender. Si elle atteint un homme vertueux, celui-ci sera amené à se conduire mieux encore... Il faudrait donc abolir toute restriction en matière de liberté de la presse et favoriser la publicité contradictoire, voire diffamante !

Le *vol* est recommandable : « J'oserai demander, sans partialité maintenant, si le vol, dont l'effet est d'égaliser les richesses, est un grand mal dans un gouvernement dont le but est l'égalité. » Pourquoi, en effet, ne pas voir dans le vol la volonté de la main invisible d'Adam Smith, ou ne pas l'intégrer dans la doctrine de l'harmonie spontanée soutenue par Von Hayek ? Il suffit de le considérer, à l'instar des raids et des OPA, comme un acte économique qui se déroule sur le Marché. Ce que font les banques avec l'argent sale.

*Et la prostitution, l'adultère, l'inceste, le viol et la sodomie ?* Le principe de la liberté fait qu'« il ne peut être jamais donné de droit légitime à un sexe de s'emparer exclusivement de l'autre ». Personne ne peut donc entraver le désir de personne : « Une femme ne peut alléguer, pour motif de refus qu'elle fait à celui qui la désire, l'amour qu'elle a pour un autre, parce que ce motif en devient un d'exclusion. » Cela vaut également pour les hommes : « Aucun homme ne peut être exclu de la possession d'une femme. » En effet, pour Sade, l'égalité entraîne que tous sont la possession de tous. L'adultère n'a donc pas de sens. La libéra(lisa)tion sexuelle de la fin du XX^e siècle nous a fait aller dans ce sens.

Quant à l'*inceste*, « il est dicté par les premières lois de la nature, nous l'éprouvons ». Pour Sade, « l'inceste devrait être la loi de tout gouvernement dont la fraternité fait la base ». De même, interdire le viol ou la sodomie serait tuer le principe républicain de la liberté.

Le *meurtre* : Sade propose d'approcher cette question de manière objective et scientifique. Et donc de se départir des « sots préjugés de l'amour-propre ». Biologiquement, l'homme est un organisme vivant, au même titre qu'une plante ou un animal. Le hasard le fait naître sur ce globe, il tombe un jour dans le néant comme eux. Il est donc normal de le considérer scientifiquement et de réaliser sur lui des opérations diverses (cela commence avec l'autopsie et se poursuit jusqu'aux manipulations géniques, en passant par les expérimentations de stalag). Conclusion de Sade : « Il y aura donc autant de mal à tuer un animal qu'un homme, ou tout aussi peu à l'un qu'à l'autre. » Et, pour continuer dans les rationalisations : la mort n'est qu'un changement de forme, dit-il en s'appuyant sur ce qu'enseignent « les philosophes modernes » (déjà le recours à ceux qui savent et à la modernité !) ; tuer consiste donc à « opérer une variation sur les formes, mais ne peut éteindre la vie ». Dernier argument sadien, l'appel au droit naturel : « Quelle autre voix que celle de la nature nous suggère les haines personnelles, les vengeances, les guerres, en un mot tous ces motifs de meurtres perpétuels ? Or, si elle nous les conseille, elle en a donc besoin. » Sade conseille ainsi de s'en remettre à l'harmonie spontanée de la nature, tout comme Von Hayek nous exhorte à nous en remettre à l'harmonie naturelle du Marché. Qu'importe si les plans sociaux tuent socialement, soutient Pierre Manent[18], les entreprises meurent pour que la vie économique se développe, et au final tout le monde y trouve son compte !

## *Parlons vrai !*

Allons, parlons vrai, dit cyniquement le libéral : au-delà des lois que les tyrannies nous imposent, vos

18. *Les Libéraux*, Gallimard, 2001.

désirs restent les mêmes. N'ayez honte d'aucun, puisqu'ils sont naturels. C'est scientifique, la biologie et les neurosciences le démontrent : nous sommes tous faits ainsi, quelque peu animaux. Même vos désirs les plus dégoûtants sont dans le cours des choses. Si vous voulez bien ne pas écouter votre ridicule pudeur, vous vous rendrez à l'évidence : ils vous font jouir. Voyez, je suis votre libérateur, je vous apporte le bonheur.

## *Parlers pervers*

La langue de bois libérale, reprise par trop de journalistes comme d'intellectuels, contribue à transformer en destin la mythologie du capital.

*La nature des choses* : « Si le capitalisme l'emporte partout, c'est qu'il est inscrit dans la nature de l'homme. »

*La rationalisation (apparemment logique)* : « C'est en créant de la richesse que l'on crée de l'emploi » ; « Trop d'impôt tue l'impôt ».

*Le progrès et le passéisme* : « L'État-providence et la sécurité appartiennent au passé » ; « Comment peut-on encore défendre le principe d'un service public ? »

*Renversement en son contraire* : « Davantage de marché, c'est davantage d'égalité » ; « L'égalitarisme condamne des millions de personnes à la misère ».

*Les euphémismes et litotes « scientifiques » ou technocratiques* : « dérégulation » ; « compétitivité » ; « réactivité » ; « évolution technologique » ; « combattre l'inflation » ; « abaisser les coûts du travail » ; « réduire les dépenses sociales »...

## *Anti-autoritarisme*

Qui peut rester insensible à l'argument anti-autoritariste ? Le discours libéral sait parler au pervers polymorphe qui sommeille en chacun de nous. Il sait réveiller la révolte anale contre un père archaïque et tyrannique.

## *Le double discours de la spontanéité*

Le Marché est un ordre naturel qui s'établit de soi-même si on laisse libre cours à la spontanéité des acteurs.

Mais le Marché est également un ordre qu'il faut protéger, par la loi, de la spontanéité de certains acteurs.

La *bonne* spontanéité est celle des propriétaires guidés par leur désir d'accumuler des richesses dans un processus sans fin. Plus ils sont riches, plus l'harmonie s'établit dans un monde qu'ils jugent prospère (et pour cause !).

La *mauvaise* spontanéité, c'est celle qui amène une société à se doter spontanément d'un État garant de lois qui entravent le libre cours du Marché. C'est également le mouvement social qui conduit spontanément des travailleurs à se regrouper pour négocier de nouveaux contrats avec les propriétaires de capitaux.

Comme l'Église, le Marché a son démon. C'est pourquoi il leur arrive de faire alliance : *in God we trust !* Avec Dieu, nous établissons notre petit commerce... Le diable libéral, c'est tout ce qui vient s'opposer à la libre expansion de la propriété, et se présente généralement sous les figures de la violence : révoltes individuelles, manifestations, grèves, révolutions...

Une guerre sainte comme une autre : pour défendre la paix et l'harmonie du Marché, violence à la violence !

## *Mélanges*

Chez Sade, tout se mélange selon une logique de transgression perverse consistant à détruire toute attribution : on met du lait dans l'anus, on défèque dans la bouche ou le vagin. Cette confusion aboutit à la fécalisation de tous les orifices de jouissance : tout devient puant.

Une autre façon, plus « soft », de parvenir à ce mélange universel consiste à rendre chaque bien et chaque personne équivalent(e) à un excrément abstrait de ses nauséabondes origines : l'argent. Dans la valeur d'échange, tout se mélange également.

## *Une famille élargie*

Les auteurs libéraux sont une grande famille où l'on trouve une infinité de variations autour des thèmes de base. Des variations qui confinent parfois au contradictoire. Ainsi de la question de l'État. Si la doctrine libérale réduit le pouvoir de celui-ci à la portion congrue, ne voulant voir en lui qu'un bras armé défendant la propriété, c'est-à-dire protégeant le libre jeu du Marché, certains auteurs lui donnent un rôle plus important. De même, si le libéralisme est nécessairement athée, les auteurs du XVI^e^ et ceux du XVII^e^ siècle laissent une place à Dieu dans leur discours.

Cette diversité est commode dans les débats, car elle permet toujours au tenant du libéralisme de trouver un auteur qui soutient l'existence de Dieu, un autre l'importance d'une morale souvent naturelle, un autre le rôle essentiel de l'État…

Une telle diversité tient à l'esprit libéral lui-même. La théorie, elle aussi, doit être le libre produit des initiatives individuelles, sans qu'une *doxa* s'impose tyranniquement. Il y a donc un marché de la théorie, avec des valeurs en hausse ou en baisse selon le jeu des acteurs.

Elle tient aussi à des questions de tactique. Par exemple, en 1651, un Hobbes n'aurait pu s'émanciper de la notion de Dieu sans s'exclure de la société de ses lecteurs. Ce qui ne l'a pas empêché de soutenir que la Bible ne peut être considérée comme le recueil des lois sacrées si « Dieu n'a pas révélé de façon surnaturelle qu'elles sont les siennes ». Cette exigence présente le mérite de restreindre la communauté des vrais croyants à un petit cercle d'illuminés… À moins, dit Hobbes, que la Bible n'ait été donnée comme texte de loi par l'État, qui « seul possède la puissance législative[19] »… CQFD : Dieu n'est qu'un nom.

Cette diversité tient enfin et surtout à une autre dimension. Chaque auteur libéral est le champ d'une contradiction entre l'inspiration libérale et les vieilles lois chrétiennes auxquelles il est en partie soumis dans sa vision du monde comme dans ses valeurs. C'est pourquoi l'or de la doctrine libérale contient toujours une certaine dose de sable du moule ancien dont il

19. À l'objecteur qui soutient que c'est l'Église qui donne à la Bible son autorité, Hobbes répond que l'Église est un État comme un autre. C'est son autorité terrestre qui est décisive.

cherche à se défaire. C'est presque chose faite chez Hobbes, qui eut la force et l'intelligence d'écrire si précocement ce que l'on pourrait baptiser «le génie du libéralisme» pour paraphraser Chateaubriand – et dont on retrouve tant de traits, maintenant que le christianisme tombe en déshérence, chez nos néolibéraux, anarcho-capitalistes et libertariens d'aujourd'hui.

## *Il n'y a plus d'ouvriers*

Bonne nouvelle, il n'y a (presque) plus d'ouvriers ! Les chiffres le prouvent scientifiquement.

Aux États-Unis, prototype des sociétés industrialisées, la proportion des ouvriers est tombée de 26 % en 1960 à 16 % en 2000. Au Royaume-Uni, ce chiffre est tombé de 36 % à 19 % ; en Suède, de 32 % à 19 % ; aux Pays-Bas, de 30 % à 19 % ; et, en Australie, de 26 % à 13,5 %. Cette évolution a été moins marquée en France (le pourcentage est passé de 28 à 20) et en Allemagne (34 à 29).

Car l'ouvrier est celui qui travaille avec ses mains. Les autres sont donc des bourgeois attachés à la cause du libéralisme : caissières, secrétaires, programmateurs en informatique, gestionnaires divers, employés des commerces et des autres services, petits et grands cadres, etc. ne sont pas dans la condition de vendre leur force de travail pour (sur)vivre…

On pourrait aussi bien dire que la population est composée de 95 % de prolétaires qui savent plus ou moins bien vendre leur force de travail. Un directeur général, pour autant qu'il n'est pas converti à la logique boursière par la grâce des stock-options, est lui aussi un prolétaire.

# 4

# Le système symbolique : les idéaux libéraux

*Où l'on passe en revue les grands thèmes libéraux qui prétendent remplacer les idéaux religieux ou politiques afin de donner un sens nouveau au monde et à notre vie, et faire de nous des humains. Qu'est-ce que le bonheur ? La liberté ? Comment l'économie nous offre-t-elle un système de valeurs fondé sur l'utilitarisme ? Pourquoi l'individu est-il premier, et comment la croyance dans le progrès et dans la science lui permet-elle de vivre ? En filigrane : à quelle logique inconsciente cela renvoie-t-il ?*

## *Idéal*

Freud distingue la libido du *moi* de la libido sexuelle. Il se demande si cette distinction ne correspondrait pas à la double fonction de l'individu, qui d'une part cherche à persévérer dans son être et d'autre part met ses forces à la disposition de la perpétuation de l'espèce. Il y aurait donc chez un individu, dès les débuts, un amour de soi, une pulsion du *moi* nécessaire au maintien et au développement de sa vie. On a déjà décrit la dimension psychique de cet état que l'on appelle *narcissisme primaire*[20] : sentiment de toute-puissance (mégalomanie, dit Freud), installation dans un présent éternel, dans une non-distinction entre soi et l'extérieur.

Mais le *narcissisme primaire* ne dure pas. L'enfant entre dans le temps, et se découvre mortel. La réalité bat en brèche le désir d'éternité propre à la libido du *moi*.

Au cours de l'élaboration psychique, c'est l'instance de l'*idéal du moi*[21] qui prend la relève. Freud : « Ce que l'homme projette devant lui comme son idéal est le substitut du narcissisme perdu de son enfance ; en ce temps-là il était à lui-même son propre idéal[22]. » *Idéal du moi* investi de la libido narcissique, de l'amour de soi qui permet la vie de l'individu. *Idéal du moi* qui s'élabore par l'introjection de ce qu'offre l'environnement à l'enfant : ses parents, mais aussi l'ensemble des personnes avec qui il est en relation et qui portent, lui apportent, les idéaux de leur culture ; la névrose collective dont ils sont les représentants. Ce qui lui permettra de nier la mort en s'assurant de l'illusion nécessaire (celle de la culture dont il participe) et de trouver des pôles d'identification permettant la construction d'un *moi* qui ait de la consistance. Ainsi la mégalomanie

---

20. À distinguer du narcissisme secondaire, qui survient plus tard, lorsque l'individu se prend lui-même comme objet d'amour, au même titre qu'un objet extérieur.

21. Voir sa description dans l'introduction, note 4 p. 15.

22. « Pour introduire le narcissisme », in *La Vie sexuelle*, PUF, 1969.

primaire devient-elle assurance de soi et désir continué de vivre, désormais dans l'humanité du groupe.

Encore faut-il que les idéaux collectifs assurent leur fonction. De leur tenue dépend celle du *moi*, et du fonctionnement individuel.

Qu'offre le libéralisme en matière d'idéal ?

## *Je est un mort ?*

Il y a dans la langue qui nous fait être un vide où nous risquons de disparaître : il nous est impossible d'énoncer, dans la plénitude de son sens, « Je suis mort ». « Je » se veut immortel, il ne peut se penser au néant. Telle est pour tout système symbolique la première énigme à résoudre. Boucher le non-sens de la mort du sujet avec de la fiction vraie.

Toute culture se doit de répondre aux questions que l'on peut qualifier d'existentielles aussi bien que métaphysiques. De conférer du sens à ce fil tendu entre le néant d'avant la naissance et le non-sens d'après la mort afin d'instituer l'humain, de lui donner consistance. De construire les idéaux d'une névrose collective qui permettent à chacun de se constituer comme sujet vivable et vivant.

## *La culture et la mort*

Michel de Certeau : « Tout système culturel implique un pari qui s'impose à tous ses membres bien qu'aucun d'eux n'en soit responsable. Avec "un mode d'être de l'ordre", il définit une forme d'affrontement à la mort[23]. » La vie éternelle pour tous avec le christianisme ; la toute-puissance dans le bonheur ici et maintenant avec le libéralisme (en fait pour quelques-uns – mais tout le monde peut y prétendre et l'espérer, puisque nous naissons tous égaux...).

23. Michel de Certeau, *Histoire et psychanalyse entre science et fiction*, Gallimard, 1987.

# L'UTILITARISME
## ET LE RENVERSEMENT DES VALEURS

### *L'intérêt individuel comme désordre*

Dans la civilisation féodale, la volonté du père divin fonde la morale, la politique, l'économie, soit directement, soit par le truchement de la raison naturelle, « impression en nous de la lumière divine », selon Thomas d'Aquin. Si l'économique est licite, dit-il, c'est qu'il mène l'homme à son dieu. Il se doit de suivre la justice dans l'échange, c'est-à-dire une juste redistribution des richesses afin d'assurer le bien commun. Car la collectivité prime l'enrichissement individuel. Accumuler plus de richesses seulement pour satisfaire ses besoins est un vice condamnable, un amour immodéré de l'avoir que Thomas d'Aquin qualifie d'*avaritia*. Pour l'Église, la poursuite de l'intérêt individuel est cause de désordre.

### *Vice individuel, vertu collective*

En 1714, dans *La Fable des abeilles*, Bernard de Mandeville montre comment le vice individuel est à l'origine du bonheur collectif. L'orgueil, la vanité, le goût du luxe, la prodigalité, la gourmandise, l'avidité, la cupidité, la jalousie, l'envie, l'égoïsme, l'inclination pour le lucre, voilà ce qui fait marcher le commerce ! La recherche par les individus de leur propre intérêt au détriment d'autrui, voilà ce qui assure la prospérité collective, voilà ce qui conduit vers la paix et l'harmonie universelles !

Ce n'est pas la morale qui doit encadrer l'économie, mais l'économie qui doit indiquer ce qui est bon et ce qui est mauvais. Il s'agit de bâtir une morale sur la base de ses désirs, en oubliant le désir de morale.

On aura reconnu le jeu du discours pervers.

Pratiquant un renversement des valeurs, le libéral soutient que le vice produit le bien. D'ailleurs, ajoute-t-il, toujours habile à brouiller les pistes, c'est la vanité qui conduit à respecter la morale ! Il ne comprend pas en effet que l'on puisse être vertueux dans un autre but que la recherche narcissique de l'admiration des autres : le libéral est dépourvu de sens moral. C'est pourquoi il sait utiliser le cynisme pour éveiller en chacun la tentation perverse : soyez sincère, demande-t-il, êtes-vous spontanément vertueux ? Cela n'exige-t-il pas de vous un effort ? Il serait plus heureux, et plus facile, de laisser faire votre nature, laquelle ne peut être que bonne par définition. Goinfrez-vous, pensez à vous. Consommez, le Marché s'occupe de vous ! Il pourvoit à tout !

## *Ni aimance ni obligation*

Selon Alain Caillé[24], la théorie de l'action de Marcel Mauss se définit selon quatre mobiles organisés en deux paires opposées.

24. Alain Caillé, *Anthropologie du don : le tiers paradigme*, Desclée de Brouwer, 2000.

D'une part, l'acteur poursuit un intérêt individuel que l'on pourrait qualifier d'autocentré, bien décrit par le libéralisme. Mais il cherche dans le même temps, et plus ou moins selon les cas, à connaître la gloire, à recevoir de la reconnaissance, à être aimé ou à faire plaisir – autant de choses gratuites qui reposent sur l'existence d'un partenaire, d'un autre. Suivant cet axe, chacune de ses actions comporte donc un degré d'*intérêt* (tourné vers soi) et un degré d'*aimance* (tourné vers l'autre).

D'autre part, toute action comporte un caractère d'*obligation* lié aux lois et aux règles sociales, ainsi qu'un caractère de spontanéité, d'innovation et de plaisir, donc un degré de *liberté.*

L'acteur libéral privilégie son intérêt et sa liberté, délaissant les dimensions d'aimance (ou de solidarité, ou encore de fraternité républicaine) et d'obligation (respect des lois).

## *Des ouvriers bien sympathiques*

Si les acteurs dans l'entreprise, de l'encadrement de proximité à l'exécution, se conduisaient selon les idéaux libéraux, celle-ci irait vite à sa perte. Dans leurs micro-inventions de chaque instant pour s'adapter aux aléas de la réalité (impossibles à prévoir par les penseurs de l'organisation et du *reengineering*), dans leur manie d'aimer leur travail envers et contre tout, ils fonctionnent autant dans la logique du don libre et gratuit décrite par Alain Caillé que dans celle de l'utilitarisme.

## *Par-delà le bien et le mal, l'utilité*

Plus que les auteurs anglo-saxons focalisés sur la valeur-travail, les auteurs français découvrent le pot aux roses en définissant la valeur-utilité.

Adam Smith, en effet, distingue le travail «productif», fabricateur d'objets qui auraient une vraie valeur, du travail «improductif», dans lequel il range aussi bien ce que l'on appelle aujourd'hui les services que les activités symboliques (par exemple celles des gens d'Église ou de robe), intellectuelles et artistiques.

Rappelons ces mots de Condillac : «La valeur des choses est fondée sur leur utilité, ou, ce qui revient au même, sur l'usage que nous pouvons en faire[25].»

Et cette définition de Jean-Baptiste Say : «Il faut entendre par ce mot [utile] tout ce qui est propre à satisfaire les besoins, les désirs de l'homme tel qu'il est. Or sa vanité et ses passions font naître des besoins aussi impérieux que la faim. Lui seul est juge de l'importance que les choses ont pour lui, et du besoin qu'il en a. Nous n'en pouvons juger que par le prix qu'il y met : pour nous la valeur des choses est la seule mesure de l'utilité qu'elles ont pour l'homme. Il doit donc nous suffire de leur donner de l'utilité à ses yeux pour leur donner de la valeur[26].» Cette formulation a le mérite de rassembler bien des éléments clés du libéralisme. Elle suppose un individu qui fait de son désir une loi supérieure à toute morale. Car elle dissocie l'utilité de ce que l'on appelle la satisfaction des besoins dits naturels :

25. *Le Commerce et le Gouvernement*, Slatkine, 1980.

26. *Le Catéchisme d'économie politique*, in *Œuvres diverses*, Guillaumin, 1848.

n'importe quel désir, du plus insane au plus sublime, peut être créateur de valeur. Elle exclut de la considération économique le registre éthique.

Pour enfoncer le clou, citons Auguste Walras : « Il y a donc cette différence entre la morale et l'économie politique, que la première n'appelle utiles que les objets qui satisfont à des besoins avoués par la raison, tandis que la seconde accorde ce nom à tous les objets que l'homme peut désirer, soit dans l'intérêt de sa conservation, soit par un effet de ses passions et de ses caprices[27]. »

Moralité scientiste : l'économie est un savoir rationnel et mathématique (dans la mesure du possible !), qui définit les lois éternelles de la nature humaine, auxquelles on ne peut donc que se soumettre – elles n'ont rien à voir avec les idées romantiques et moralisantes de justice ou de solidarité.

Moralité consumériste : dans le cochon tout est bon ! N'importe quel désir humain peut être l'occasion d'un profit.

Moralité psychologique : tout ce que je veux, quand je veux, comme je veux !

## *Utilitarisme ou droit naturel ?*

Les libéraux classiques s'opposaient sur les voies permettant de parvenir au bonheur, mais non sur les résultats de leur cheminement.

Pour les tenants du droit naturel, le souverain bien est la justice, qui consiste à respecter les droits naturels et imprescriptibles de l'homme. S'ils sont

27. Auguste Walras, *De la nature de la richesse et de l'origine de la valeur,* Alcan, 1832.

respectés, la société existe dans un état ordonné et tranquille. Quels sont-ils ? Dans la Déclaration des droits de l'homme et du citoyen de 1789, ce sont la liberté, la propriété, la sûreté et la résistance à l'oppression. Dans la Déclaration d'indépendance des États-Unis, ce sont la vie, la liberté, et la poursuite du bonheur. En 1793, Condorcet et Paine proposent la liberté, l'égalité, la sûreté, la propriété, la protection sociale et la résistance à l'oppression.

Les trois droits fondamentaux sont le droit à la vie, à la liberté et à la propriété. À la fin du XVIIIe siècle, on a pensé que les sciences morales disposaient des outils philosophiques permettant de fonder rationnellement, c'est-à-dire scientifiquement, la morale. On a donc tenté de déduire chaque droit d'un axiome fondé sur l'ordre « naturel » des choses. Pour le droit à la vie, ce fut l'évidence selon laquelle l'homme a été créé pour vivre. La liberté découlerait du « fait » que les hommes naissent libres et égaux. Le droit à la propriété est déduit d'un raisonnement plus complexe qui s'appuie sur une hypothèse individualiste. Sommairement : j'ai le droit de consommer ce que j'ai produit, c'est donc ma propriété. Puisque c'est ma propriété, j'ai le droit de la donner à autrui, tout comme il a le droit de me faire don de sa propriété en contrepartie. Pour que cet échange social se passe paisiblement, il faut que le droit de chacun sur sa propriété soit reconnu. Il faut également que le libre-échange soit possible.

Ces droits ne doivent pas être reconnus parce qu'ils sont utiles, mais parce qu'ils sont conformes à la nature de l'homme. Une nature devenue profane, qui conserve pourtant un parfum d'origine biblique.

## *Il n'y a pas de patron voyou*

Un patron ne peut être qualifié de « voyou » quand il dispose librement de sa propriété. Ou alors c'est tout l'édifice de la paix libérale qui s'écroule, et avec lui la société entière. Quand notre ministre des Affaires sociales qualifie certains chefs d'entreprise de « patrons voyous », on peut estimer qu'il y va un peu fort ! Bien sûr, sa mission consiste à produire des effets d'annonce, à tisser un voile de paroles derrière lequel les acteurs de la vie économique peuvent opérer en paix… Du reste, ses promesses n'ont pas été tenues : aucun jugement n'a encore condamné le patron de Palace Parfums, qui eut un jour, durant l'hiver 2002-2003, l'idée de déménager ses machines de chez lui pendant les vacances de ses salariés (on dirait pour un locataire « à la cloche de bois »). L'air de la Seine-Maritime ne lui convenant plus, il avait choisi d'aller ailleurs. La liberté de circulation, le droit de disposer librement de ses biens sont des droits de l'homme imprescriptibles !

De même, lorsque M. Vilmo Maderi, directeur de l'usine Flodor de Péronne (Somme), décide de déménager en août 2003, il ne fait que mettre en application la décision de son patron-propriétaire. Qui songerait à vous interdire de transporter la commode que vous tenez de votre grand-mère de votre appartement à votre résidence secondaire ? Personne, à moins de porter intolérablement atteinte à votre liberté ! Pourtant, quand le groupe italien Unichips entreprend (au moment où les salariés sont en vacances, encore une fois) de transporter ses machines de Péronne, France, à Trente, Italie, on crie au scandale !

L'État français, même raffariné, est encore trop socialiste : M. Vilmo Maderi a été placé en garde à vue le 20 août 2003. L'habile procureur de la République, ne pouvant bafouer ouvertement le droit de propriété, a trouvé une fausse barbe : entrave au droit syndical (quand on vous disait que les syndicats…).

## *Quand l'utile prime le juste*

Quand le bon (utilitarisme) et le juste (droit naturel) se trouvent en antagonisme, Adam Smith prend clairement position en mettant de l'eau dans son libéralisme. Un exemple : l'augmentation naturelle du taux du crédit peut aller à l'encontre de la prospérité commune. Dans ce cas, il lui paraît souhaitable de définir un taux légal maximal. Si cette loi est injuste du point de vue de la liberté naturelle, puisqu'elle représente une limitation de la libre entreprise, elle est néanmoins bonne en ce qu'elle favorise le bonheur commun : « L'exercice de la liberté naturelle de quelques individus, lorsqu'il pourrait compromettre la sûreté de toute la société, est et doit être restreint par les lois, dans tout gouvernement possible, dans le plus libre comme le plus despotique. »

Bien que se réclamant d'Adam Smith, les néolibéraux font de la liberté un principe absolu, transcendant toute loi, fondant ainsi un « ultra-droit » : la liberté (du plus fort).

## *Conflit d'intérêts*

Abdoulaye Wade, président du Sénégal, à propos des négociations de l'OMC de septembre 2003 à

Cancun : « La communauté internationale devrait être consciente [...] de ce que le sort de 45 % des habitants de la planète dépend de ces négociations agricoles. Ce n'est malheureusement pas ce souci qui habite certains des principaux acteurs de ces discussions. Il s'agit, en définitive, d'un conflit d'intérêts entre agriculteurs des pays développés, désireux d'exporter à bas prix leurs excédents de production vers le tiers-monde[28]. »

## *L'intérêt égoïste en tant qu'altruisme*

Mon intérêt, c'est le bonheur de l'autre, clame le libéral.

Si la société est pacifiée, si la liberté règne ainsi que l'égalité entre les hommes, en bref, s'il n'existe ni rapport de force ni rivalité, alors les échanges sont de gré à gré ; et tout contrat reflète la satisfaction réciproque des contractants. En effet : mon intérêt est fixé par autrui, car je ne puis mettre sur le marché que ce qui peut trouver acquéreur. Ainsi se réalise naturellement l'harmonie universelle libérale.

Si, et seulement si.

---

28. *Le Monde*, 10 septembre 2003.

## LE BONHEUR À RAS DE TERRE

### *Le souverain bien libéral*

La doctrine utilitariste examine les conséquences des actions des hommes : sont-elles utiles au bonheur de la communauté ? Telle est la question clé. Il faut donc estimer, et si possible calculer, les répercussions probables d'une conduite pour l'évaluer. Ainsi l'éthique devient-elle une comptabilité de l'action.

Quel est ce bonheur que la conduite des hommes doit générer ? Quel est ce souverain bien, selon les utilitaristes ? Il consiste en plaisirs, en jouissances, en amusements. Sade n'est pas loin, le consumérisme non plus. Adam Smith : « Le bonheur consiste dans la tranquillité et dans la jouissance. Sans tranquillité il ne peut y avoir de jouissance ; et dans une tranquillité parfaite il n'est presque rien qui ne soit capable de procurer de l'amusement[29]. » La paix civile et la sécurité permettent à l'homme riche de jouir paisiblement de ses propriétés, et au mendiant de jouir paisiblement du soleil.

---

29. *Recherches sur la nature et les causes de la richesse des nations*, Guillaumin, 1859.

## *Le bonheur, religieux quand même*

Le bonheur fut affaire de croyance religieuse jusqu'à nos jours. Les sociétés religieuses se fondaient sur une origine, souvent paradisiaque. Le bonheur (ou sa recherche) consistait à suivre la tradition de la parole donnée pour retrouver l'Éden (quelques brebis s'égarant en enfer).

Lorsque, dans les années 1750-1850, la société se constitue progressivement comme sujet collectif s'auto-engendrant, autonome et non plus dépendant d'un dieu régissant la terre comme le ciel, une croyance politique vient prendre la place de la croyance religieuse. Une croyance que l'on peut appeler idéologie (discours sur les idéaux, ou discours des idéaux).

Les eschatologies libérale et socialiste remplacent alors l'eschatologie chrétienne. Celle-ci était tournée vers le passé, celles-là sont tournées vers le futur. Le bonheur est à venir, il est le produit du labeur et de la liberté humaine, le progrès nous porte. Le présent imparfait n'est qu'un état de crises passagères (1914-1918, 1929, 1939-1945, 1968, 1974, 1995, 2002…), un moment de transition préparant l'harmonie future.

De l'une aux autres, la même logique, celle de l'Un, pour reprendre le mot de Marcel Gauchet, de « l'union spirituelle et matérielle des hommes dans l'union avec le pouvoir qui les unit à l'invisible[30] ». Communion dans le Marché qui unira un jour les intérêts individuels pour le bien de tous, quand la libération libérale aura enfin triomphé. Fin de

30. Marcel Gauchet, *La Démocratie contre elle-même*, Gallimard, 2002.

l'Histoire et unité collective avec la révolution socialiste. Elle sera retrouvée ! Quoi ? L'unité de tous avec tous – comme au temps du placenta.

Ce début de XXIe siècle marque un tournant. La croyance religieuse a quitté, sans doute définitivement, la sphère publique pour se replier dans l'intimité des consciences. En France, il lui aura fallu un siècle, depuis la séparation de l'Église et de l'État en 1905, pour devenir dans les faits une affaire d'opinion personnelle dépourvue de poids politique. Dans le même temps, les religions séculières s'effondrent. Le socialisme devient gestionnaire de la réalité telle qu'elle est, le libéralisme peine à puiser dans le scientisme et la technique des idéaux convaincants. Les lendemains ne chantent plus vraiment, l'utilitarisme ne vise plus le bien de tous. Restent les bonheurs de l'instant. Le petit bonheur d'une gorgée de bière. Et l'échappée dans le virtuel.

## *La paix !*

Il n'y a pas de péché dans la nature. Seulement des appétits qui opposent les hommes les uns aux autres. D'abord vient la *compétition*, qui pousse à attaquer son voisin pour le profit : utilisation naturelle et spontanée de la violence pour dominer autrui et profiter de ses biens (veaux, vaches, enfants, femmes, couvées...). De ce premier conflit naît la *défiance*, qui justifie toutes sortes de guerres préventives et un besoin immodéré de sécurité. Enfin, le goût de la *gloire* fait qu'un mot de travers, un sourire peut-être ironique déclenchent les foudres de la vanité blessée.

Comment imaginer un bonheur possible à partir de l'état de nature décrit par Hobbes, à savoir la guerre de chacun contre tous ? Sa ruse consiste peut-être à nous amener à un point de dénuement et d'insécurité tel que le moindre soupçon de paix apparaît comme un infini bonheur ! Transposition postmoderne : la concurrence économique fait rage, l'entreprise risque de crouler à chaque instant, estimez-vous heureux qu'on exige une augmentation de votre productivité ! Vous êtes un nanti, puisque vous n'êtes pas au chômage et que vous gagnez le smic !

Pour Hobbes aussi les temps sont durs, il faut ravaler ses ambitions : la fin poursuivie par l'homme, dit-il, est « principalement sa propre conservation et parfois seulement sa jouissance ». Vu l'état de guerre naturel, l'homme est contraint de désirer le pouvoir, qui consiste à « se rendre maître, par la force et les ruses, de la personne du plus grand nombre possible de gens[31] ». Hélas, cette stratégie a ses limites. Vu l'égalité native des hommes, même le plus faible peut toujours trouver le moyen de tuer le plus fort. Toujours une autre puissance finit par mettre en danger sa propre puissance.

Le bonheur est dans la paix qui permet l'auto-conservation. Comment l'établir sur terre ? En renonçant à sa liberté et à sa volonté de toute-puissance au bénéfice d'un maître, un souverain qui fait de sa volonté la loi à laquelle tous doivent se soumettre, faute de quoi ils périront.

31. C'est exactement la logique actuelle des entreprises en régime financier, acculées qu'elles seraient par le Marché au développement externe : grossir, ou périr…

Tel est le *Léviathan* de Hobbes : un monstre, un État qui oblige les humains à obéir en leur promettant la sécurité.

Aujourd'hui, les néolibéraux comme Von Hayek ont conservé l'idée de la nécessité de la soumission. Simplement, le pouvoir s'est apparemment sublimé, il est monté au ciel de l'économie et se pare des atours d'une loi naturelle et transcendante, celle du Marché, à laquelle notre liberté individuelle et de courte vue nous fait obéir et pour laquelle il faut abolir les lois de l'État d'ici-bas.

### *Autosatisfaction*

Le bonheur libéral, c'est la quantité de plaisir accumulée. Et, puisque la monnaie est l'équivalent anonyme et généralisé de toutes les valeurs, « chaque part de richesse correspond à une part de bonheur » (Jeremy Bentham). Le bonheur fait l'objet d'un calcul qui exclut toute dimension symbolique.

Telle est l'implicite philosophie que nous partageons, même si elle nous tire quelque soupir : « C'est, hélas, dans la nature des choses », disons-nous… puisque l'économie est l'ordre de la nature.

### *L'illumination benthamienne, ou comment imposer le bonheur*

Jeremy Bentham : « Tout le système de la morale, tout le système de la législation portent sur cette base unique, la connaissance des peines et des plaisirs. C'est le principe de toutes les idées claires[32]. » On comprend que, pour lui, le souverain bien est la poursuite du bonheur. Mais pourquoi l'accession au bonheur passe-t-elle par l'impératif de la loi ?

De Bentham (1748-1832) on peut dire qu'il fut un utopiste dans le sens le plus inquiétant du terme. À bien des égards, il rappelle le président Schreber décrit par Freud. Enfant, il est sous la férule d'un père étroitement religieux qui lui inculque le culte de la loi et une mission dans le monde : devenir le grand prêtre de l'ordre légal. Ce fils prodige (il sait lire le latin à trois ans et sort diplômé d'Oxford à seize) consacrera sa vie de célibataire, retiré loin du monde, à suivre la volonté du père, tirant sa subsistance de l'héritage qu'il lui a laissé. Curieux vœu d'éternité : selon sa dernière volonté, son cadavre fut disséqué et son squelette revêtu de ses habits exposé à l'University College. On peut encore aller le saluer.

Le bonheur, donc ! L'homme, par nature égoïste, ne peut en juger qu'à l'aune de son propre intérêt. Nous sommes jusque-là dans la tradition libérale… qu'il faut pourtant associer au fantôme du père et à sa chrétienne frénésie. Allons plus loin, pense Bentham : le bonheur d'un individu ne peut être moralement plus important que celui d'un autre. Ainsi formule-t-il son principe d'utilité, qui requiert qu'une action soit jugée en fonction de sa tendance à affecter le bonheur *de la communauté dans son ensemble*. Mais pourquoi s'arrêter en si bon chemin ? Bentham étend son principe à toute l'humanité, puis aux animaux, qui sont eux aussi capables de ressentir le plaisir et la douleur, puis au cosmos…

32. *Introduction aux principes de la morale et de la législation* (1789).

L'individu ne voyant autre chose que son plaisir égoïste, comment donc atteindre le bonheur de la communauté (pour se limiter à elle) ? Grâce au législateur ! Lui peut corriger (oui, corriger) les désirs individuels en replaçant les intérêts réels de chaque individu dans le contexte de tous les autres. C'est ainsi, selon Bentham, qu'il réalise au moyen des lois le bonheur du plus grand nombre, c'est-à-dire qu'il satisfait à l'exigence du principe d'utilité.

De quel droit, demandera-t-on ? Au nom de la logique et de l'arithmétique ! De la « science par laquelle la loi est appliquée à la production du bonheur[33] ». Le législateur a la possibilité de prendre une position d'observateur externe et objectif que l'individu égoïste, collé à son désir, ne peut adopter. Lui seul peut être omniscient, à l'image du « bon père » de la tradition chrétienne. Et il dispose de deux outils : la logique, qui permet de rationaliser la loi et de rendre scientifique le domaine du juridique ; et le calcul des plaisirs et des peines. Bentham se livre à des dosages de valeur d'un plaisir selon son intensité, sa durée, son degré de certitude, sa proximité, sa fécondité (probabilité qu'il soit suivi de sensations du même type), sa pureté (probabilité qu'il ne soit pas suivi de douleur).

On se doit d'être subjugué, car c'est la science qui parle par la bouche de la justice, dans un étrange syncrétisme mêlant l'utilitarisme et le scientisme libéraux à la tradition chrétienne.

---

33. Jeremy Bentham, *Déontologie* (publié en 1834).

## *L'âge d'or*

Hésiode : « D'or fut la première race d'hommes périssables que créèrent les Immortels, habitants de l'Olympe. C'était au temps de Cronos, quand il régnait encore au ciel. Ils vivaient comme des dieux, le cœur libre de soucis, à l'écart et à l'abri des peines et des misères : la vieillesse misérable sur eux ne pesait pas ; mais, bras et jarret toujours jeunes, ils s'égayaient dans les festins, loin de tous les maux. Mourants, ils semblaient succomber au sommeil. Tous les biens étaient à eux : le sol fécond produisait de lui-même une abondante et généreuse récolte, et eux, dans la joie et la paix, vivaient de leurs champs, au milieu de biens sans nombre[34]. »

Alors que le mythe grec parlait d'un paradis perdu, le mythe libéral de l'âge d'or met au-devant de nous le même royaume de la parousie, vers lequel nous progressons grâce au Marché : plus de vieillesse, des biens sans nombre grâce à l'infini progrès des techniques.

Le mythe libéral reprend à son compte le mythe prométhéen conté par Démocrite, et par Diodore de Sicile : « Quant aux premiers nés parmi les humains, installés, à ce que l'on dit, dans une vie désordonnée et sauvage ils se rendaient en ordre dispersé dans les herbages et mangeaient ce qui convenait le mieux parmi les herbes et les fruits qui poussaient spontanément sur les arbres. [...] Comme rien de ce qui était utile à la vie n'avait été découvert, les premiers hommes menaient par

34. Hésiode, *Les Travaux et les Jours*, Les Belles Lettres, 1996.

conséquent une vie pénible, privés de vêtements, ne connaissant ni l'habitation ni le feu, étant totalement ignorants de la nourriture cultivée. Ignorant la récolte de la nourriture sauvage, ils ne se faisaient aucune provision des fruits en cas de besoin ; c'est pourquoi beaucoup d'entre eux périssaient en hiver à cause du froid et de la rareté de la nourriture. [...] Le feu ayant été connu, ainsi que les autres choses utiles, peu à peu les techniques furent découvertes, ainsi que les autres choses aptes à porter aide à la vie en commun[35]. » On retrouve dans les textes libéraux l'affirmation d'une misère originelle liée à la rareté des biens naturels, qui justifie l'idéologie du travail[36]. Ainsi que le sauvetage grâce aux techniques, filles des sciences.

De même, le mythe du progrès et les ingrédients qui le composent sont en germe dans les paroles qu'Eschyle met dans la bouche du Titan, protecteur des humains : « Apprenez les souffrances des mortels, comment je les ai transformés, eux qui étaient auparavant infantiles, en êtres doués de raison et maîtres de leurs pensées. Je le dirai, sans proférer de blâme à l'égard des humains, mais en démontrant la bonté de mes dons. Ceux-ci à l'origine, regardant, regardaient en vain, écoutant, n'entendaient pas, mais, semblables aux formes des songes, ils embrouillaient tout au hasard durant leur longue vie et ne connaissaient ni les maisons de briques

35. Diodore de Sicile, *Bibliothèque historique*, Les Belles Lettres, 1991.

36. Les ethnologues estiment qu'à l'âge de la cueillette le temps de travail quotidien moyen ne devait pas dépasser quatre heures – un travail qui s'apparentait plus au jeu de la chasse en plein air qu'à l'enchaînement à la chaîne de montage ou au clavier informatique !

exposées au soleil ni le travail du bois, mais ils vivaient sous terre, comme les fourmis agiles, dans les profondeurs sans soleil des cavernes. Il n'y avait pour eux aucun signal sûr ni de l'hiver ni du printemps fleuri ni de l'été fécond, mais ils accomplissaient tout sans réflexion jusqu'à ce que moi, je leur montrai les levers des astres et leurs couchers difficiles à discerner. Et j'ai inventé pour eux le nombre, le plus grand des arts, ainsi que l'assemblage des lettres, mémoire de toute chose, ouvrière industrieuse qui enfanta les Muses. Et le premier, je plaçai sous le joug les bêtes sauvages, esclaves par leur harnais et par leur corps, afin qu'elles succèdent aux hommes pour les chargements les plus pesants ; et j'ai attaché au char les chevaux dociles aux rênes, symbole du luxe le plus éclatant. Aucun autre que moi n'a inventé ces véhicules errant sur la mer avec leurs voiles de lin[37]. »

Usage de la raison permettant la maîtrise grâce aux sciences du nombre ; essor des techniques ; utilisation d'esclaves : les conditions étaient déjà posées pour qu'apparaisse l'infini appétit.

## *L'âge d'or et d'argent*

Au XVIe siècle, l'âge d'or descend sur terre. Le sens du mot s'aplatit, perd tout sens symbolique pour s'identifier au métal jaune. C'est l'Eldorado, le paradis des sauvages d'outre-Atlantique. Et le début de l'accumulation des richesses, la naissance du capitalisme en Occident.

37. Eschyle, *Œuvres*, Les Belles Lettres, 1963.

## *La fin de l'homme*

Fukuyama, chantre de la fin de l'Histoire : « Le caractère ouvert des sciences de la nature contemporaines nous permet de supputer que, d'ici les deux prochaines générations, la biotechnologie nous donnera les outils qui nous permettront d'accomplir ce que les spécialistes d'ingénierie sociale n'ont pas réussi à faire. À ce stade, nous en aurons définitivement terminé avec l'histoire humaine, parce que nous aurons aboli les êtres humains en tant que tels. Alors commencera une nouvelle histoire, au-delà de l'humain[38]. » Quand la biologie aura remplacé la politique, le mal et son souvenir seront éradiqués…

Et Victor Hugo, par la bouche de son héros Enjolras : « Citoyens, le XIXe siècle est grand mais le XXe siècle sera heureux. Alors plus rien de semblable à la vieille histoire ; on n'aura pas à craindre, comme aujourd'hui, une conquête, une invasion, une usurpation, une rivalité de nations à main armée […], un combat de deux religions se rencontrant de front […], on n'aura plus à craindre la famine, l'exploitation, la prostitution par détresse, la misère par chômage, et l'échafaud, et le glaive, et les batailles, et tous les brigandages du hasard dans la forêt des événements. On pourrait presque dire : il n'y aura plus d'événements. On sera heureux. Le genre humain accomplira sa loi comme le globe terrestre accomplit la sienne […][39]. »

38. *Le Monde*, 17 juin 1999.

39. *Les Misérables*, Gallimard, coll. « Bibliothèque de la Pléiade », 1976, livre I, chap. V.

Même mythe religieux depuis Hobbes : l'homme sera un dieu, le paradis descendra sur terre. Au XXIe siècle, les moyens changent : on n'attend plus le bonheur de la politique mais de la technoscience.

## *Le libéralisme et ses intégrismes*

Il y a des philosophes humanistes pour tenter de séparer le bon grain de l'ivraie. Attention, disent-ils, il ne faut pas confondre le libéralisme classique d'Adam Smith ou de Turgot avec l'ultralibéralisme d'un Friedrich Von Hayek et d'un Milton Friedman. Comme si l'Inquisition n'était pas le révélateur qui fait apparaître sur le papier photo l'image du christianisme…

La folie chrétienne a été réduite par la force politique à la suite du développement des démocraties. La folie islamique est aujourd'hui prospère. Le libéralisme a aussi ses intégrismes : l'ultralibéralisme, le libertarisme, l'anarcho-capitalisme… Ils ne font que mettre au jour le noyau dur du libéralisme classique.

Dans son principe, le libéralisme s'est toujours élevé contre Dieu et sa morale, contre l'État et la loi. Comme toute religion et toute idéologie, il a connu des syncrétismes dont on retrouve la trace chez un Bentham. Par pragmatisme, il a su tenir compte des rapports de force quand ils n'étaient pas à son avantage, et arrondir les angles. Adam Smith le premier, qui prend toutes les précautions pour pouvoir dire le contraire de ce qu'il avance. À propos de la main invisible : « En poursuivant son propre intérêt, [l'individu] fait souvent avancer celui de la société […]. » *Souvent*, écrit-il (mais pas toujours)…

Aujourd'hui, le néolibéralisme peut s'exprimer avec davantage d'impunité.

## *Passe-passe*

Le souverain bien qui doit guider toutes les actions des hommes, c'est le bonheur pour tous. Adam Smith : « Le bonheur du genre humain semble avoir été voulu par l'Auteur de la nature lorsqu'il l'a créée[40]. » Contrairement aux chrétiens, qui pensent que c'est après la mort que le bonheur pourra exister, c'est sur terre qu'Adam Smith veut l'instaurer, par le truchement de la main invisible. Car le bonheur de tous, répétons-le, est le résultat de la poursuite par chacun de son intérêt personnel. Ainsi une théorie vague, abstraite et généreuse vient-elle justifier une pratique concrète, individuelle et rémunératrice (théorisation perverse).

D'autres auteurs ne s'appuient pas sur le principe d'utilité mais sur celui du droit naturel, que la raison peut découvrir en se fondant sur les enseignements de la nature, tels que la science nous les livre. Déjà, dans les temps médiévaux, alors que, du fait de l'évolution des esprits, le sentiment ne suffisait plus à fonder la foi, Thomas d'Aquin soutenait que la raison était une voie possible pour découvrir la lumière divine.

## *L'harmonie, encore*

Les philosophes antiques considéraient la nature comme harmonieuse et bénéfique pour l'homme.

40. *Théorie des sentiments moraux* (1759).

Deux mille ans plus tard, John Stuart Mill insiste sur « la conscience du fait que tout ce que le genre humain entreprend pour améliorer sa condition consiste dans une large mesure à contrarier l'ordre spontané de la nature ». Dans la pratique, que cet ordre soit le résultat d'une intention divine (comme l'estimait déjà Cicéron) ou celui du jeu aveugle du hasard (comme le soutenait déjà Lucrèce) importe peu. Aujourd'hui, Von Hayek affirme que le Marché procède de cette harmonie naturelle. Laissons-le faire, abandonnons tout volontarisme politique !

## L'INDIVIDU MESURE DE TOUTE CHOSE

### *Littré*

Littré 1872 au ras de la lettre, en écho à l'idéologie ambiante : « *Individu* s.m. *1.* Terme scientifique. Tout corps considéré comme un tout distinct par rapport à l'espèce à laquelle il appartient. Le genre, l'espèce, l'individu. *Les individus ne sont rien, les espèces sont éternelles*, Volt. Lett. Mme du Deffand, 4 mai 1772 ; *2.* Il se dit particulièrement des personnes. Tous les individus qui composent une nation. / L'être personnel considéré par opposition à l'État ou à la société. »

Si en zoologie les individus ne sont rien, en humanité ils sont tout : ils s'opposent à la société qui leur doit d'exister, et à l'autorité qui les gouverne.

Est-ce le tout qui compose la partie, ou la partie le tout ?

### *Au commencement était l'individu*

L'individu est la mesure de toute chose. L'individu, c'est, étymologiquement, ce qui ne peut être divisé. Insécable comme son synonyme : l'atome de la physique euclidienne.

L'individu est le soleil du cosmos libéral. Tout gravite autour de lui, tout vient par lui. Le cosmos social est composé d'un certain nombre d'individus-soleils, il est le produit de leur inter-activité, il ne leur préexiste pas. Les individus-soleils ne sont pas dans le cosmos, ils forment le cosmos. Car rien n'existe sans eux ni indépendamment d'eux.

Les débuts. Il y eut un soir, il y eut un matin. Avant il n'y avait rien, un jour il y eut des individus. Rien que des individus totalement libres parce que totalement individuels, flottant dans le néant de l'asocial. L'un était berger, l'autre était agriculteur. Abel voulait tuer Caïn pour s'approprier ses fruits, Caïn voulait tuer Abel pour traire ses brebis. Ils avaient en commun le souhait de ne pas être assassinés. C'est pourquoi ils ont dû accepter ensemble d'aliéner leur liberté, et de faire d'un État leur protecteur et leur souverain absolu. Ainsi, pour Hobbes, fut créée la société humaine.

Ou bien : Caïn vit qu'Abel avait de la belle viande, et Abel vit que Caïn avait de beaux légumes. Afin de jouir chacun des bienfaits de l'autre, ils passèrent un contrat pour définir les règles d'échange entre eux. Ainsi fut créée, à partir d'un contrat social souscrit entre des individus égaux libres et responsables, la société.

Tels sont, à trop gros traits, les mythes libéraux de l'origine de l'humanité. Où l'individu tient la place du créateur, selon le vœu infantile. Moi d'abord, mes parents après !

## *Joli mot*

Littré épingle un joli mot disparu, retrouvé sous la plume de Tolain (*Journal officiel*, 15 mai 1872,

p. 1841) : « Je n'ai remarqué d'ouvriers individuellistes que parmi les ouvriers de l'Allemagne du Sud. » Individuelliste : se dit dans le langage socialiste, par opposition à « mutuelliste ».

## *Mégalomanie*

Mégalomanie individualiste : parce que les décisions individuelles ont un rôle dans le jeu collectif, elles déterminent le tout du collectif. Voir Max Weber, Karl Popper, Friedrich Von Hayek.

Bien qu'en même temps, admettent les théoriciens conséquents, les décisions individuelles se prennent dans un cadre fixé collectivement. Holisme/ individualisme, comme l'œuf de la poule ou la poule de l'œuf… Pour devenir un sujet individuel, encore faut-il parler le langage et se structurer selon les lois qui furent donnés en héritage. On l'a dit, l'individu est d'emblée un fait social. Mais il y a une histoire collective : l'individu fait bouger le social.

## *L'individualisme méthodologique*

Définition encyclopédique et universelle selon Raymond Boudon (où la science vient au secours de l'imaginaire du mythe) : « Le principe de l'individualisme méthodologique affirme qu'un phénomène social, quel qu'il soit, quelles que soient sa nature et sa forme, et quelle que soit la science sociale particulière dont il relève, doit, pour être expliqué, être conçu comme le produit de l'agrégation d'actions individuelles, actions dont l'analyse doit par conséquent saisir la signification[41]. » Au contraire d'une perspective holiste, selon laquelle le tout est plus qu'une simple addition des parties.

## *Vrai et faux individualisme*

Pour Friedrich Von Hayek, il est important de distinguer « Vrai et faux individualisme[42] ». Le vrai est anglais, le faux est continental.

Les Encyclopédistes, Rousseau et les physiocrates sont les représentants les plus éminents d'un individualisme rationaliste, « qu'il faut probablement considérer comme une source du socialisme au moins aussi importante que les théories expressément collectivistes ». Rien de moins. Dans la bouche de Von Hayek, la condamnation est radicale : individualisme ou socialisme, il faut choisir son camp. Avec le rationalisme, dit-il, vient une vision organisée de la société ; et avec cette vision vient une ambition politique : gérer la société suivant un projet ; ce volontarisme politique s'incarne immanquablement dans un pouvoir d'État fort qui cherche à orienter la société civile en développant une bureaucratie, le planisme à la mode de Keynes... Pour Von Hayek, l'ennemi est celui qu'il résume d'un mot-valise : le socialisme.

Dans l'imaginaire théorique antirationnel de Von Hayek, il semble que le socialisme vienne prendre la

41. Raymond Boudon, « Individualisme méthodologique », *Encyclopedia Universalis*.

42. Titre d'une conférence prononcée à University College, Dublin, le 17 décembre 1945. Originellement éditée par Hodge, Figgis & Co. Ltd., Dublin, et B.H. Blackwell Ltd., Oxford, 1946. Les citations des pages qui suivent, jusqu'à la page 135, sont extraites de cette conférence.

place qu'occupait le père divin chez les libéraux classiques : c'est un pouvoir fort qui veut imposer sa loi au nom de la rationalité. Il est l'objet d'un même transfert négatif, qui trouve également sa source inconsciente dans le souhait de parricide. Le père est décidément increvable ! Éliminé des cieux et du trône, voilà qu'il reparaît sous le masque d'un bolchevik ! À croire qu'il est difficile de se passer de lui…

Le vrai individualisme, selon Von Hayek, est « une *théorie sociale* : un essai pour comprendre les forces qui déterminent la vie sociale de l'homme, et ensuite seulement un ensemble de principes politiques déduits de cette vision de la société ». Son postulat essentiel est le suivant : « Il n'existe aucun autre moyen de s'assurer des phénomènes sociaux que de comprendre les actions que les individus entreprennent vis-à-vis des autres [...]. » Autrement dit, « la collaboration spontanée des hommes libres engendre souvent des résultats qui dépassent ce que leur cervelle d'individus pourra jamais entièrement saisir ». C'est une vision des choses « qui attribue dans les affaires humaines une faible part au rôle de la raison, qui affirme que l'homme est parvenu là où il en est malgré le fait qu'il n'est que partiellement guidé par la raison, et que sa raison personnelle est fort limitée et imparfaite ».

Le social est donc le résultat des libres initiatives d'individus qui ne peuvent avoir l'intelligence des choses car leur horizon est nécessairement borné ; ils ne disposent jamais de l'ensemble des informations qui leur permettraient de prendre des décisions rationnelles. Modèle biologisant : la société humaine est une fourmilière.

Qu'importe, donc, si Bernard de Mandeville ou Adam Smith (auteurs de la « découverte » de l'individualisme selon Von Hayek – il n'hésite pas à employer un mot à connotation scientifique...) pensaient que « l'homme [est] par nature paresseux et indolent, imprévoyant et gaspilleur, et qu'on ne [peut] lui imposer une conduite économique et la prudence dans l'ajustement de ses moyens à ses fins que sous la pression des circonstances ». Qu'importe même que son moteur essentiel soit l'égoïsme, comme on le reproche aux libéraux. Von Hayek accepte en catimini ces turpitudes, mais il les recouvre d'un nécessaire voile de pudeur : « Du point de vue de leur importance pour l'organisation sociale, toutes les différences possibles d'attitude morale entre les hommes ont peu d'importance comparées au fait que tous les détails que l'esprit humain peut effectivement saisir font partie de ce cercle étroit dont il est le centre. »

Comment comprendre que les conflits individuels d'intérêts puissent déboucher sur le bien collectif ? Von Hayek ne pense pas un instant à la thèse de Hobbes, selon laquelle l'individu, pour sortir de la guerre de tous contre tous, se défait de sa liberté et accepte le pouvoir d'un État souverain. Il ne semble pas davantage accepter l'hypothèse de la main invisible d'Adam Smith. Pour lui, il n'y aurait pas d'harmonie naturelle des intérêts (bien qu'il soutienne cette position dans d'autres textes). Pourtant, « ce que les économistes ont compris pour la première fois, était que le marché, tel qu'il s'est développé, était un moyen efficace pour faire participer l'homme à un processus plus complexe et plus étendu qu'il n'en peut saisir et que c'était grâce au marché qu'on pouvait le faire participer à des buts qui n'avaient aucune part dans son intention».

Von Hayek penche plutôt pour «la nécessité d'institutions bien construites où les règles et les principes de la confrontation des intérêts et du compromis entre les avantages réconcilieraient les intérêts opposés sans donner à aucun groupe le pouvoir de faire toujours prévaloir ses opinions et ses intérêts sur ceux des autres». C'est pourquoi ces règles ne peuvent être l'apanage d'un pouvoir d'État qui, immanquablement selon Von Hayek, favoriserait un groupe au détriment d'un autre. Il faut donc laisser faire la société civile. Laisser les individus créer spontanément «les traditions et les conventions qui évoluent dans le cadre d'une société libre : celles-ci ne peuvent pas être imposées, mais elles établissent des règles souples et normalement observées qui rendent le comportement des autres éminemment prévisible». L'État ne doit nourrir aucun projet sur la société, il doit se contenter de faire respecter des règles du jeu permettant la spontanéité individuelle. Et donc pénaliser tout syndicat ouvrier qui se révélerait être une menace pour le droit de propriété et la liberté d'entreprendre (sans doute le syndicalisme n'est-il pas une tradition ou une convention «spontanément créée par des individus libres» – ou alors c'est qu'il ne faut pas confondre individus et individus !).

## *Les vertus de l'individualisme libéral*

S'il fallait résumer en une phrase la philosophie politique de Von Hayek, ce serait donc : laisser toute spontanéité à la liberté d'initiative de l'individu. La spontanéité est une valeur postmoderne forte, un message de paix et d'harmonie : il faut lâcher prise, faire confiance à la nature, être soi-même sans se prendre la tête, et tout se passe pour le mieux dans le meilleur des mondes possibles. Soyons libéralo-Spontex !

Mais, quand on passe des principes aux applications pratiques, on assiste à un retournement dont le comique laisse transparaître la dimension perverse : voilà que Von Hayek en appelle aux valeurs anciennement féodales et chrétiennes ! Car les vertus cardinales du vrai individualisme libéral ne sont rien moins que l'humilité, l'acceptation de son ignorance et de son impuissance, et la soumission : « L'attitude fondamentale de l'individualisme vrai est l'humilité face aux processus par lesquels l'Humanité a réalisé des prouesses que personne n'avait organisées ni même comprises et qui dépassent, au sens strict, le pouvoir de l'esprit individuel. »

Ces vertus sont nécessaires, car nous n'avons que deux options : accepter la transcendance du marché, ou être victimes d'un tyran peu ou prou socialiste : « Dans une société complexe, l'homme ne peut avoir d'autre choix qu'entre l'ajustement à ce qui peut lui sembler être les forces aveugles du processus social et l'obéissance aux ordres d'un supérieur. » Une fois qu'il nous a enfermés dans son cadre de référence, Von Hayek nous propose un « choix libre sous contrainte » : « Il vaut mieux avoir le choix entre plusieurs possibilités déplaisantes que d'en subir une seule sous la contrainte. » Dilemme libéral, objet d'un calcul rationnel complexe développé dans la théorie des jeux : vaut-il mieux être violé et battu, ou enlever soi-même sa culotte ?

Voilà pourquoi il est bon « que l'on accepte de se soumettre ainsi à ces règles – non seulement aussi longtemps qu'on en comprend la raison mais aussi longtemps qu'on n'a pas de raisons précises de faire le contraire ». Et il est nécessaire, « dans toute société complexe où les effets de l'action de chacun s'étendent bien au-delà de son champ de vision possible, que l'individu se soumette aux forces anonymes et apparemment irrationnelles de la société. Une soumission qui doit non seulement inclure d'accepter des règles de conduite comme valides sans examiner à quoi cette acceptation conduit dans un cas précis, mais encore de se préparer à des changements qui peuvent affecter profondément sa position et dont les causes pourraient bien lui être totalement inintelligibles ». Texto ! Les plans sociaux, la réduction des salaires, l'augmentation de la productivité, la délocalisation sont liés à des forces anonymes qui nous dépassent et que l'on doit accepter avec humilité.

D'ailleurs, le salaire n'a de rapport ni avec le mérite personnel ni avec une justice. Il s'établit selon des lois naturelles et impersonnelles auxquelles personne ne peut rien (surtout pas l'État, ni les gros actionnaires !), pas plus qu'un paysan ne peut protéger son champ de la grêle. Que la volonté du Marché soit faite : « Tout système individualiste viable doit satisfaire deux conditions. Il faut d'abord que les rémunérations relatives qu'un individu peut attendre des différents usages qu'il ferait de ses capacités et de ses ressources correspondent à l'utilité relative pour les autres des résultats de ces utilisations; mais il faut aussi que ces rémunérations correspondent aux résultats objectifs de ses efforts plutôt qu'à leur mérite subjectif. Un marché authentiquement concurrentiel satisfait à ces deux conditions. Mais c'est à propos de la seconde que notre sens personnel de la justice se révolte fréquemment contre les décisions impersonnelles du marché. Pourtant, s'il faut que l'individu soit libre de choisir, il est nécessaire qu'il subisse le risque attaché à ce choix; et, en conséquence, qu'il soit rémunéré, non sur ses intentions bonnes ou mauvaises mais uniquement sur la base de ce que les résultats valent pour les autres. Nous devons accepter le fait que la préservation de la liberté individuelle est incompatible avec une pleine réalisation de nos idées de justice distributive. » La liberté de se soumettre aux décisions de personne, c'est-à-dire celles du Marché, plutôt que la justice.

Hélas, le monde est mal fait. Certains acteurs pèchent par orgueil et insubordination, ils perturbent l'ordre naturel du Marché dans le but dérisoire de secourir les nécessaires déchets du système. Ils sont légion, ils forment l'ordre du mal : ce sont les économistes keynésiens, certains intellectuels, les syndicalistes ouvriers et de nombreux politiciens. Von Hayek nous a révélé qui ils sont : ce sont tous des socialistes ! « La réticence croissante à se plier à des règles morales dont l'utilité n'est pas démontrée, ou à se conformer à des conventions dont la raison d'être est inconnue [est une manifestation] de cette même vision de base qui voudrait que toute activité sociale puisse être reconnue comme faisant partie d'un plan unique et cohérent. »

## *Origine de l'individualisme*

Avec Louis Dumont[43], on peut penser que l'individualisme est né des pratiques de renoncement religieux et s'est inscrit progressivement dans le monde social avec l'évolution de l'Église chrétienne.

Les sociétés traditionnelles sont holistes : c'est le tout de la communauté qui définit ce qu'est l'individu. Hors la collectivité, point de salut ! Sauf pour ceux qui pratiquent l'art du renoncement en recherchant leur salut individuel hors du monde social. Ce sont les sages de l'Inde, gourous (toujours actuels) qui vivent pratiquement nus, le corps recouvert de cendres. Ce furent les sages de la Grèce antique qui, comme Diogène dans son tonneau (et avec lui les épicuriens, les cyniques et les stoïciens), soutenaient que la sagesse ne peut se trouver qu'en renonçant au monde. « Si l'individu doit apparaître dans une société traditionnelle, holiste, écrit Louis Dumont dont nous suivons ici la démarche, ce sera en opposition à la société et comme une sorte de supplément par rapport à elle, c'est-à-dire sous la forme de l'individu-hors-du-monde[44]. » Les premiers chrétiens s'inscrivent dans cette tradition. S'ils rendent à César ce qui lui appartient, c'est pour se consacrer à ce qui leur paraît essentiel : le colloque singulier avec Dieu. Le chrétien est un individu qui entretient une relation personnelle avec Dieu. Le monde n'est pour lui qu'un lieu de passage. Comme le sage indien ou l'ancien sage grec, il y renonce. Être propriétaire des choses du monde n'est

---

43. *Essais sur l'individualisme : une perspective anthropologique sur l'idéologie moderne*, Seuil, 1983.
44. *Essais sur l'individualisme…*, *op. cit.*

pour lui qu'un obstacle à son salut : il est plus difficile au riche d'entrer dans le royaume des cieux qu'au pauvre de passer par le chas d'une aiguille.

L'individu chrétien commence à nouer des liens avec le monde lorsque l'Église de Rome se sépare de celle de Byzance. Louis Dumont propose comme date repère de ce changement l'intervention du pape Étienne II qui, en 754, franchit les Alpes pour venir confirmer Pépin le Bref, roi franc, dans sa royauté. À partir de cette époque, les papes revendiquent l'autorité politique sur une partie de l'Italie. L'Église devient un État comme un autre, sans abandonner pour autant son autorité religieuse. En tant que monarchie religieuse, elle implique les chrétiens dans le monde.

Le deuxième grand tournant vient avec la Réforme. Pour Calvin, si le chrétien nourrit toujours un colloque individualisé avec Dieu, c'est ici et maintenant qu'il travaille à sa glorification. Pour Max Weber, le sentiment religieux calviniste consiste à trouver « la certitude d'être enfant de Dieu dans l'épreuve de soi à réussir dans le monde donné et ordonné[45] ». Ainsi le calviniste est-il un individu œuvrant dans le monde. Et la société devient en retour une communauté d'individus. De même, ce n'est plus l'Église qui confère aux croyants une identité de chrétien, mais les individus croyants qui font de l'Église ce qu'elle est.

## *L'individu nouveau*

Il y a un temps fort long entre l'énonciation du programme individualiste libéral et sa réalisation.

45. Benjamin Nelson, « Max Weber on Church, Sect and Mysticism », *Sociological Analysis*, Nelson, 1973.

En effet, jusqu'aux années 1980 environ, l'idéologie chrétienne, avec sa morale et ses mœurs rigides et désuètes, a contrecarré le développement de l'autonomie individuelle[46].

Ce changement coïncide avec l'avènement d'une société du spectacle et de la consommation présentant les traits que l'on connaît : expansion de l'autonomie subjective, cultes hédonistes du présent et du corps, culte psy et relationnel, effondrement des idéologies. C'est la vie en self-service : peu importe la qualité des plats proposés du moment qu'on a une marge de choix. La liberté avant tout, quand bien même elle ne serait qu'un sentiment infantile ne correspondant à aucune réalité ! Elle permet de satisfaire le fantasme de liberté dont a besoin, en nous, l'enfant de l'âge sadique-anal. Une liberté qui serait au-delà de toute castration.

## *Les trois âges du sujet*

Marcel Gauchet[47] propose de distinguer trois moments que l'on peut retranscrire ainsi :

• *L'âge religieux* : le sujet est défini par des normes collectives transcendantes qu'il incorpore. Il existe par le statut social, familial, sexuel qui le définit. Il ne peut en sortir que dans la honte, et en perdant son identité ;

• *L'âge bourgeois* (de 1700 à 1900) : c'est l'individu du libéralisme classique. Il revendique une liberté individuelle qui lui permet d'aller à ses

46. *Autonomos*, « je suis ma propre loi ».
47. Dans *La Démocratie contre elle-même*, *op. cit.*

affaires, dans une société régie par un État de droit au pouvoir limité. Apparaissent les distinctions entre l'intime et le social, le privé et le public, la société civile et l'État. En même temps, l'individu accepte d'être soumis à des normes collectives d'origine religieuse, et parfois théorisées dans ce que certains auteurs libéraux appellent le droit naturel. C'est un homme de *devoir*, c'est-à-dire qu'il admet en conscience des normes qui s'imposent à tous. C'est également un homme de *responsabilité* : il justifie la poursuite de ses intérêts personnels en arguant du bien commun (souvent invoqué par les auteurs libéraux classiques).

On peut voir là une tentative de *compromis* entre les valeurs individualistes libérales et un environnement social où le religieux est encore puissant. Cette contradiction se retrouve dans la description faite par la psychanalyse d'une *psyché* lieu d'un conflit entre principe de réalité et principe de plaisir, c'est-à-dire entre des normes collectives intériorisées, représentées notamment par l'instance du *surmoi* générateur de culpabilité, et un désir individuel primitivement asocial.

• *L'âge moderne* : on peut situer son commencement à la séparation de l'Église et de l'État (1905), son développement à partir de la guerre de 1914-1918 et son épanouissement à la disparition des valeurs religieuses, en même temps que l'État perd son emprise sur la société civile (1981 ferait une belle date symbolique en France). C'est l'âge de l'avènement de l'individu annoncé par Hobbes dès le XVIe siècle (mais débarrassé du Léviathan). D'un individu déconnecté symboliquement du social, pour qui il n'y a pas de sens à se situer du point de vue de la collectivité. Plus d'obligation, plus de dette, uniquement des droits à exiger d'une communauté qui représente seulement une opportunité pour le développement de soi. Être soi-même, désentravé de tout lien symbolique, tel est l'idéal nouveau.

## *Haut les masques !*

En notre époque postmoderne, plutôt que de parler d'individu, ne vaudrait-il pas mieux parler de personne, en ayant à l'esprit l'étymologie de *persona*, le « masque » ? En effet, la notion d'individu procède d'un vieux rêve des Lumières, où il paraissait pensable de créer une physique sociale sur le modèle de la physique, la science des corps matériels. L'individu, comme l'atome dur et insécable[48], est l'unité de base à partir de laquelle, selon les libéraux, s'élabore le social. Or, pour varier sur le thème rimbaldien, on pourrait dire qu'aujourd'hui « je suis un autre ». C'est-à-dire que j'ai autant de masques que je le désire. Puisque, libéralement, j'ai le droit d'être ce que j'ai envie d'être. Puisque, comme le proclame une émission de télévision, « c'est mon choix » !

C'est dire que nous sommes arrivés au point où le libéralisme se dépasse lui-même. La notion d'individu, concept fondamental du discours libéral classique, devient, au nom de la conception néolibérale de la liberté, un carcan. Elle représente en effet une limite au désir de toute-puissance car elle

48. On sait aujourd'hui que l'atome des sciences physiques est en lui-même un univers.

est l'objet d'insupportables castrations. Être un individu aujourd'hui, jusqu'à ce que les biotechnologies y mettent bon ordre, c'est encore être né d'un père et d'une mère et être situé dans l'ordre des générations comme « venant après » ; c'est donc dépendre de l'existence d'ancêtres que l'on n'a pas choisis et qui nous ont donné ce que l'on ne pourra jamais leur rendre : la vie. De plus, ils nous ont inscrits dès avant notre naissance dans leur désir et dans des lois que nous n'avons pas faites.

Être un individu, c'est encore être assigné à un nom. Pis, un patronyme. C'est être marqué par le père, être inscrit dans la filiation d'un ancêtre. La loi française a mis un peu de jeu dans cette détermination en permettant le matronyme et en prévoyant que l'enfant puisse choisir entre ses deux noms d'origine. Mais on peut penser plus loin. L'individualiste libéral ne sera advenu que lorsqu'il pourra choisir lui-même son nom, et lorsqu'il pourra en changer à sa guise : lorsque la personne physique aura acquis les mêmes droits qu'une personne morale. En effet, les entreprises choisissent leur nom comme elles le veulent et créent à leur guise leurs réseaux de parenté (rapports entre filiales[49] et sociétés mères, participations croisées au capital et multiples jeux d'engendrement...). N'adopte-t-on pas à son gré, aux États-Unis, un nom ou un numéro pour la plaque minéralogique de sa voiture ? Soyons tous des « auto » !

Être un individu, aujourd'hui, c'est également n'être que d'un seul sexe, masculin ou féminin. C'est subir ce qu'on appelle, dans le sabir psychanalytique,

49. Du latin *filius*, « fils ».

la castration primaire – c'est-à-dire une atteinte au désir infantile de toute-puissance. Sur cette question, certains mouvements gay et lesbiens représentent la fine pointe de la pensée néolibérale. Pour eux, l'identité n'est pas liée à un référent naturel, comme l'identité sexuée le serait au sexe physique. L'identité est de l'ordre du paraître, et donc de l'illusion. Plutôt que de s'enfermer dans un rôle sexuel que rien ne justifie, pourquoi ne pas assumer l'arbitraire des identités en en faisant une mascarade pour en jouer sur la scène sociale, qui n'est elle-même qu'une comédie ? Homme aujourd'hui, femme demain, ou bi… Tout est possible, pourvu que l'on soit nouveau, souple, jouissant, c'est-à-dire vraiment vivant. On aura reconnu l'inspiration libérale : le jeu du marché nécessite l'équivalence généralisée des biens, mais aussi des symboles. L'identité sexuelle est une contrainte qui empêche la liberté individuelle de se satisfaire.

# LA LIBERTÉ AU-DESSUS DE TOUT

## *La liberté du libéralisme*

Le libéralisme, doctrine de la liberté, conjuguée au négatif et au positif.

La liberté se définit d'abord *contre*. Le libéralisme s'est édifié contre la volonté de Dieu le père, et il en conserve des traces. La première des libertés, c'est de dire non. Le contraire de la liberté, c'est la contrainte. Il n'y a pas de liberté, dit Von Hayek, quand « les actions d'un homme sont soumises à la volonté et sont au service des buts d'un autre ». L'homme libéral est au-dessus des lois, selon les canons de l'âge sadique-anal.

La conception *positive* de la liberté : pour Locke, l'homme est libre quand il peut disposer « de tout son bien propre suivant les lois sous lesquelles il vit ». Être libre, c'est disposer d'un domaine protégé où personne ne peut intervenir, c'est avoir la jouissance tranquille de ses précieuses matières. L'idéal de la liberté, c'est le coffre-fort, ou encore la propriété privée et protégée des prédateurs. Car « la liberté consiste à être exempt de gêne et de violence de la part d'autrui » (encore Von Hayek). On voit quel est le rôle dévolu à la loi par les libéraux : la loi, c'est la porte du coffre-fort, le mur d'enceinte de la propriété privée. Sa fonction est de protéger la propriété des envieux qui la menacent. C'est pourquoi elle devrait interdire l'association des travailleurs dans les syndicats, comme le préconise encore Von Hayek. C'est en ce sens que la loi doit protéger la liberté. Mirabeau l'avait déjà dit : « La liberté et la sûreté sont des annexes inséparables de la propriété. » La fonction de la loi est d'empêcher autrui de s'ingérer dans mes affaires ; la liberté est une annexe de la propriété.

Conception anale de la liberté : faire tout ce que je veux, comme je veux, quand je veux… et qu'on ne m'emmerde pas !

## *Liberté, égalité, propriété*

Ce sont, selon François Crouzet[50], les trois mots qui devraient briller en lettres d'or, ô combien, sur le fronton de nos mairies. La *fraternité* des citoyens, leur « volonté générale » incarnée dans un État dirigiste que, plus tard, salueront les socialistes, aurait été trop passéiste, comme on dit aujourd'hui : teintée encore des couleurs féodales du patriarcat et de la solidarité. Non, François Crouzet préfère, à la mode du journal *Libération*, afin de semer la confusion dans les esprits, détourner un slogan qui jadis fit fureur : « Du passé faisons table rase ». Rien de moins.

C'est à son corps défendant que la Convention s'est engagée dans la voie de l'économie dirigée, dit-

50. « La logique libérale de la Révolution française », à lire à l'adresse Internet http://www.catallaxia.org/article.php?sid=65.

il ; elle a fait preuve de « lâcheté » devant les pressions de la « populace », elle-même animée par un égoïsme à court terme. Que n'a-t-elle fait donner du canon !

La grande œuvre de la Révolution française fut de libérer la propriété, dit Crouzet. En effet : l'article 2 de la Déclaration des droits de l'homme et du citoyen définit comme « droits naturels et imprescriptibles de l'homme » la liberté en première position, la propriété ensuite, puis la sûreté et la résistance à l'oppression. Et l'article 17 pose que « la propriété est inviolable et sacrée ». Pourquoi ? Parce que la liberté, c'est la propriété ! Pour les rédacteurs de la Déclaration, c'est parce que l'homme est d'abord propriétaire de sa personne qu'il est libre. Une fois acceptée la revendication de l'individualisme envers et contre tout, le reste en découle…

La propriété n'est pas seulement libérée, elle se doit d'être individuelle. Toute propriété collective est abolie : en 1792, la Législative posa le principe du partage obligatoire des biens communaux entre les habitants de chaque commune. Et c'est toujours au nom de la liberté qu'elle interdit la libre jouissance des terres en jachère, et autorisa les clôtures dans toute la campagne française…

La populace ne se contenta pas de la libération de la propriété, elle demanda de la fraternité et du pain. Les charpentiers voulurent qu'un salaire journalier minimal fût fixé, ils élaborèrent une sorte de contrat collectif et demandèrent à la municipalité de Paris de le faire accepter par leurs patrons. À leur revendication du droit à un travail justement rémunéré il fallut opposer la libération du travail par la voie législative. Loi Le Chapelier du 14 juin 1791, article 1 :

« L'anéantissement de toutes espèces de corporations des citoyens du même état et profession étant une des bases fondamentales de la Constitution française, il est défendu de les rétablir de fait, sous quelque prétexte et quelque forme que ce soit. » Article 2 : il est interdit aux « citoyens d'un même état ou profession, [aux] entrepreneurs, [à] ceux qui ont boutique ouverte, [aux] ouvriers et compagnons » de se constituer en sociétés. Il était précisé que les auteurs et instigateurs de ces « coalitions » seraient passibles de lourdes peines, et que ceux qui exerceraient des violences « contre les ouvriers usant de la liberté accordée par les lois constitutionnelles au travail et à l'industrie » seraient sévèrement punis.

« J'ai cité cette loi un peu longuement, commente Crouzet, parce qu'on y voit remarquablement apparaître la logique libérale, qui va des droits de l'homme à l'abolition des corps intermédiaires, puis à l'interdiction des grèves et des associations professionnelles – ce que l'on a appelé depuis des syndicats. [...] Le point essentiel pour nous est que le contrat de travail doit se faire de gré à gré, entre individus. [...] Je ne propose pas [le rétablissement de la loi Le Chapelier], mais je rappelle seulement qu'en brisant un pouvoir syndical devenu abusif Mrs Thatcher a permis un certain relèvement de l'économie britannique. » Mais non un relèvement certain pour ceux qui ne jouent pas à la corbeille néolibérale.

## *Liberté, mégalomanie et perversion*

Hobbes, *Léviathan* : « Le DROIT DE NATURE est la liberté que chacun a d'user de sa propre puissance, comme il le veut lui-même pour la préservation de sa propre nature.» Sachant qu'elle est ainsi faite : «Si deux humains désirent la même chose, dont ils ne peuvent cependant jouir l'un et l'autre, ils deviennent ennemis et, pour parvenir à leurs fins, ils s'efforcent de s'éliminer ou de s'assujettir l'un l'autre.» Les groupes industriels en sont l'illustration quotidienne, comme les individus quand ils sont pris dans la logique libérale.

«Par LIBERTÉ, j'entends l'absence d'entraves extérieures, entraves qui, souvent, peuvent détourner une part de puissance de faire ce que l'on voudrait.» La liberté consiste à imposer sa volonté à tous et à tout.

«Le DROIT consiste en la liberté de faire ou ne pas faire, alors que la LOI détermine et contraint dans un sens ou dans l'autre, en sorte que la loi et le droit diffèrent autant que l'obligation et la liberté, et se contredisent s'ils sont appliqués à un même objet.» La loi n'est donc pas apte à déterminer un champ dans lequel je peux exercer ma liberté. Elle est un mal nécessaire, et le résultat d'un calcul utilitaire : s'y soumettre consiste à renoncer à tuer autrui pour préserver sa propre vie. C'est dire qu'elle n'a de raison d'être que pour autant que je ne peux pas imposer sans dommage ma volonté de toute-puissance.

## *Le libéralisme aime l'enfant roi*

Sade : «Ce n'est pas dans un siècle où l'étendue et les droits de l'homme viennent d'être approfondis avec tant de soins, que des jeunes filles doivent continuer à se croire les esclaves de leurs familles [...]. Les fruits de la jouissance du mâle et de la femelle ne possèdent-ils pas toute leur liberté, tous leurs droits?

[...] De quel droit les enfants des hommes sont-ils donc astreints à d'autres devoirs ? Et qui les fonde, ces devoirs, si ce n'est l'avarice ou l'ambition des pères[51] ? » D'ailleurs, ajoute-t-il dans un modèle de raisonnement pervers (où la quantité vient suppléer à la qualité, comme si souvent dans les discours libéraux) : « Les services que rend une jeune fille, en consentant à faire le bonheur de tous ceux qui s'adressent à elle, ne sont-ils pas infiniment plus importants que ceux qu'en s'isolant elle offre à son époux ? »

Application du programme libéral : de même que l'entrepreneur n'a que faire des tyrannies de l'État, l'enfant n'a pas à se soumettre aux tyrannies parentales.

## *Société de tolérance*

La tolérance prônée par les libéraux des XVII^e et XVIII^e siècles avait un sens : il s'agissait de se déprendre de l'intransigeance chrétienne au temps des affrontements religieux – en France, de la tyrannie des rois absolus à partir de Louis XIV.

La tolérance a pris aujourd'hui un autre sens, celui d'une maison où tous les besoins sont reconnus puisqu'ils sont forcément naturels.

## *La liberté formelle*

Déclaration des droits de l'homme et du citoyen, 1789 : « La liberté consiste à pouvoir faire tout ce qui

51. Donatien Alphonse François de Sade, *La Philosophie dans le boudoir*, 10-18, 1972.

ne nuit pas à autrui » – et principalement à la libre entreprise. Tout homme a, en droit, la liberté de poser des actes, pourvu qu'ils n'entravent pas la marche spontanée du Marché.

## *Le fort et le faible*

On peut être catholique fervent, ultramontain, et cependant perspicace : « Entre le fort et le faible, c'est la liberté qui opprime et la loi qui protège » (Louis Veuillot [1813-1883]).

## *La liberté pour Marx*

Pour Marx, la liberté consiste à être sujet de sa vie. L'être humain est libre « par la force positive de faire valoir sa vraie individualité[52] ».

Avoir le droit de déterminer sa vie, c'est pouvoir participer aux processus de décision (démocratie réelle dans tous les champs de décision), avoir accès aux moyens d'autoréalisation (droit d'accès à tous les biens sociaux permettant de développer ses aptitudes).

Ces droits n'ont de sens que dans le cadre d'une communauté humaine (*exit* l'individualisme libéral) : c'est par ses rapports avec les autres que l'individu devient véritablement humain. C'est en quittant l'âge anal de l'impérialisme du *moi* tout-puissant, du narcissisme triomphant, c'est en reconnaissant que je n'existe pas seul mais par l'autre, par l'objet d'amour

52. Karl Marx et Friedrich Engels, *La Sainte Famille*, Éditions sociales, 1969.

œdipien, en acceptant cette castration, que je deviens humain.

C'est pourquoi l'autre est une fin et jamais un moyen ; jamais une « ressource humaine ».

## *Au-delà du travail, la liberté*

Marx : « Le royaume de la liberté commence seulement là où l'on cesse de travailler par nécessité et opportunité imposée de l'extérieur ; il se situe donc, par nature, au-delà de la sphère de la production matérielle proprement dite[53]. » Le but de la vie n'est pas l'accumulation des biens, mais le développement des individus.

## *Les ressorts de la libération des esclaves*

Premier argument soutenu par les utilitaristes libéraux : s'il n'y avait pas d'esclaves, chacun devrait travailler pour subvenir à ses besoins ; ainsi, il n'y aurait pas de riches pour aider les arts, les lettres et les sciences. L'esclavage contribue donc au bonheur collectif, à l'essor de la civilisation.

On le sait, le courant libéral a fini par se prononcer pour la libération des esclaves. Dans la Déclaration d'indépendance des États-Unis, Thomas Jefferson déclare : « Tous les hommes sont créés égaux. » C'est qu'il fallait examiner l'esclavage du point de vue de son impact sur la richesse !

Deuxième argument, Adam Smith : « Les esclaves sont rarement inventifs, et les procédés les plus

53. *Le Capital*, Éditions sociales, 1974, livre III, chap. 48.

avantageux [...] ont tous été inventés par des hommes libres[54]. » John Stuart Mill : « Le travail obtenu par la menace est inefficient et improductif[55]. » Une fois devenus « ouvriers libres », les esclaves se sont révélés plus inventifs et productifs. Aujourd'hui, il n'y a plus d'esclaves, ni même d'ouvriers ou d'employés, mais des « collaborateurs », dont l'entreprise attend motivation et initiatives productrices de plus-value.

## *De la démocratie en Algérie, à la mode de Tocqueville*

Pour Tocqueville, grand penseur libéral, la liberté démocratique n'est pas bonne pour tout le monde : sans doute pas plus pour les Indiens d'Amérique que pour les Arabes et Kabyles d'Algérie. « Il doit y avoir deux législations très distinctes en Afrique parce qu'il s'y trouve deux sociétés très séparées. Rien n'empêche absolument, quand il s'agit des Européens, de les traiter comme s'ils étaient seuls, les règles qu'on fait pour eux ne devant jamais s'appliquer qu'à eux[56] », écrit-il en 1847.

Poursuivant sa réflexion sur les conquêtes françaises en Afrique du Nord qu'il destine à l'Assemblée, il justifie ainsi les nécessaires dégâts : « J'ai souvent entendu en France des hommes que je respecte, mais que je n'approuve pas, trouver

---

54. *Recherches sur la nature et les causes de la richesse des nations*, *op. cit.*

55. *Principes d'économie politique* (1848).

56. Alexis de Tocqueville, *Travail sur l'Algérie*, in *Œuvres complètes,* Gallimard, coll. « Bibliothèque de la Pléiade », 1991.

mauvais qu'on brûlât les moissons, qu'on vidât les silos et enfin qu'on s'emparât des hommes sans armes, des femmes et des enfants. Ce sont là, suivant moi, des nécessités fâcheuses, mais auxquelles tout peuple qui voudra faire la guerre aux Arabes sera obligé de se soumettre. [...] Je crois que le droit de la guerre nous autorise à ravager le pays et que nous devons le faire soit en détruisant les moissons à l'époque de la récolte, soit dans tous les temps en faisant de ces incursions rapides qu'on nomme razzias et qui ont pour objet de s'emparer des hommes ou des troupeaux. [...] Aujourd'hui on peut dire que la guerre d'Afrique est une science dont tout le monde connaît les lois, et dont chacun peut faire l'application presque à coup sûr. Un des plus grands services que M. le maréchal Bugeaud ait rendus à son pays, c'est d'avoir étendu, perfectionné et rendu sensible à tous cette science nouvelle. »

Grâce à l'alliance du droit et de la science, le nombre d'Algériens assassinés lors de la conquête se situe dans une fourchette allant de 500 000 à 1 million.

### *L'harmonie spontanée du libéralisme, et le coup de pouce du politique*

Au XVIe siècle, au Royaume-Uni, les paysans possèdent des parcelles de terre qu'ils cultivent. Ils vivent dans une économie de subsistance qui leur convient. Les propriétaires terriens, qui sont les premiers capitalistes, ont besoin d'une classe de travailleurs salariés afin d'assurer la production dans leurs manufactures. Pour la créer, il va falloir donner un coup de pouce à la main invisible.

Jusqu'au XVIIIe siècle, la stratégie politique des grands propriétaires terriens, relayée par les monarques, puis par le Parlement, consiste à violer un des sacro-saints principes du libéralisme, celui de la propriété. Au XVe siècle, le licenciement des suites seigneuriales jette sur les routes des masses de paysans expropriés. Au XVIe siècle, la dissolution des monastères et la confiscation des biens de l'Église fournit un contingent supplémentaire de candidats au salariat. Mais ce sont surtout, du XVIe au XVIIIe siècle, les *enclosures* – la clôture des terres communales jusqu'alors laissées à l'exploitation libre – qui contraignent les paysans à céder leurs terres pour une bouchée de pain, quand ils ne sont pas éjectés de force de leur maison. Rejoignant l'armée des chômeurs, ils se doivent de trouver un autre état. La loi poursuit en effet les mendiants et les vagabonds : fouettés, mutilés, pendus, ils apprennent ainsi que le travail salarié, c'est la liberté.

Edward Gibbon Wakefield, à propos de la main-d'œuvre : « Là où tout un chacun peut disposer d'une terre, le travail coûte cher [...] et il est difficile d'en trouver, quel que soit le salaire offert[57]. »

Bernard de Mandeville : « Dans une nation libre où l'esclavage est interdit, la richesse la plus sûre consiste dans la multiplication des pauvres laborieux[58]. » La leçon n'est toujours pas oubliée.

57. *A View of the Art of Colonization* (1849).
58. *La Fable des abeilles*, Vrin, 1991.

## *Au travail !*

Lorsque le baron Seillière déclare qu'il veut mettre la France au travail, il ne fait que poursuivre la même tradition. Rien de plus inconvenant, en effet, que de voir les chômeurs, ces rentiers des temps modernes, se complaire dans la paresse. Tout actionnaire conséquent (c'est-à-dire doué d'un érotisme oral se manifestant par une cupidité de bon aloi) s'impatiente au spectacle de personnes lézardant au soleil ou devant la télévision : il y voit un manque à gagner, une productivité perdue. Au travail !

## SCIENTISME ET MÉGALOMANIE

### *La science et le dogme*

La science dit le vrai. Cette affirmation est-elle scientifique ou dogmatique ? Autrement dit : accédons-nous avec la science à un absolu de la vérité auquel on accédait antérieurement par la foi religieuse ? Ou bien la vérité scientifique est-elle un montage de discours ayant des effets de vérité qui permettent de constituer un espace de significations où vivre, que nous appelons réalité (à distinguer du réel, en soi inaccessible et muet) ? L'agencement de la question implique une réponse...

La science, ou plutôt le scientisme, c'est-à-dire la foi dans la science, est la construction par le langage d'une croyance qui se donne comme vérité. Ce que Pierre Legendre appelle un dogme[59], précisant que sa mise en scène est nécessaire pour instituer la vie, c'est-à-dire faire que nous devenions humains. Le théâtre du dogme est une fiction esthétique qui doit parler aux sens comme à l'esprit afin de captiver. C'est un miroir où se donner une identité qui permet de tenir, depuis le néant d'avant la naissance jusqu'au non-sens d'après la mort.

---

59. Dans *De la société comme texte : linéaments d'une anthropologie dogmatique*, Fayard, 2001.

Des fastes de la messe où descend la parole divine à la pompe de l'État parlant à la nation, ou à l'abstraction délicieusement absconse et techniciste des énoncés scientifiques adressés au public, une même logique théâtrale. En son fond identique, estime Pierre Legendre, aux montages que les sociétés traditionnelles faisaient du totem. Sur ce point, pas de progrès !

En quoi la science comme dogme donne-t-elle son assiette au discours libéral ?

## *Immortalité de la science*

La science est la vérité en marche, l'accumulation permanente de connaissances qui se perpétue d'elle-même. Qu'importe si elle va d'erreur en erreur, elle sait s'autocorriger. Sa finalité n'a pas besoin d'être tracée d'avance pour que l'on ait la certitude qu'elle progresse chaque jour. « Le caractère apparemment irréversible de son développement historique définit le sens moderne du temps et rend superflue la question qui a hanté nos prédécesseurs : comment les nations devraient-elles se conduire tout en se sachant condamnées à mort[60] ? »

## *Le fait, l'idéologie*

Quoi de plus naturel qu'un fait – brut, comme il se doit ? C'est un roc sur lequel édifier nos certitudes. Le fait, associé au travail de la découverte

60. Christopher Lasch, *Le Seul et Vrai Paradis : une histoire de l'idéologie du progrès et de ses critiques*, Climats, 2002.

scientifique, joue aujourd'hui un rôle équivalent à celui que tenait la nature pour les libéraux classiques, même (et surtout) après qu'elle ne fut plus une manifestation de la volonté divine : celui de garant de vérité. Bentham, déjà, ne jurait que par les faits.

De même, une certaine mode « psy » privilégie l'éprouvé dans l'« ici et maintenant », s'opposant ainsi à l'intellectualité – autrement dit, elle joue la réalité d'un corps dit naturel et de ses émotions contre le vague de l'âme et la complexité des interprétations psychanalytiques.

Cette croyance est une idéologie : le fait n'est pas un donné. Il n'est pas déjà là, il est construit.

Dans *De la société comme texte*[61], Pierre Legendre en recherche la généalogie dans la longue élaboration du droit qui commence avec la Rome antique. Quand le pape devient empereur, le droit canon intègre les techniques du droit romain. Alors, dit-il, « le sacré se technicise [...] le mythologique doit céder la place au rationnel objectiviste, le métaphorique à l'abstractivité ». Le fait est débarrassé de sa valeur magique et métaphysique : plus de miracle, mais des preuves concrètes sur lesquelles fonder la faculté de juger – bientôt traduite dans des lois (non plus juridiques mais scientifiques). De même, le bien et la norme se démontrent désormais par un discours rationnel : une pratique qui donnera sa forme aux discours scientifiques, et dont les auteurs libéraux retiendront la rhétorique.

61. *De la société comme texte, op. cit.*

## *Naissance de la technique*

Les faits de nature furent d'abord manifestation de la création divine, et la raison humaine une incarnation de l'intelligence de Dieu. L'un et l'autre subsistèrent sur un mode profane lorsque l'on passa de l'âge de la religion à celui de l'idéologie : au dieu succéda le démiurge décrit par Hobbes dans les premières pages de son *Léviathan*.

Le traitement rationnel des faits pour l'optimisation de l'action : voilà ce qui intéresse l'homme en tant que démiurge. C'est ainsi que se nouent la science et la technique, et que la pensée se réduit à un savoir-agir. Le projet libéral est de faire de l'homme un démiurge sur terre, ici et maintenant (c'est-à-dire bientôt...).

## *La technique comme paradigme de l'homme*

La parabole de Hobbes : les machines sont à l'homme ce que l'homme est à Dieu. L'un est la création de l'autre, mais pas seulement : il est fait à son image, entre eux s'instaure un rapport de mimétisme et de rivalité.

Le robot[62], figure emblématique de la technique, est la création de l'homme – comme l'homme est la création de Dieu. Le calculateur (*computer*) raisonne comme un homme, et l'on peut se complaire à craindre que son « intelligence artificielle » ne lui

62. Robot : mot russe pour désigner un esclave, selon Pierre Legendre ; dérivé du tchèque *robota*, « corvée », selon le *Dictionnaire étymologique de la langue française* d'Oscar Bloch et Walther von Wartburg (PUF, 1994).

donne un jour le pouvoir sur nous. C'est que nous jouons à nous admirer dans notre création comme Dieu s'admire en nous[63]. La technique est le miroir que nous construisons pour notre glorification, comme gage de notre éternité.

Le robot de l'âge mécanique : l'esclave sur roulettes (infantile et débonnaire comme le furent les bons nègres), avec bras et jambes, des années 1950. Celui de l'âge électronique : cerveau composé de puces et de cartes, calculateur impeccable. Celui, demain, de l'âge biotechnologique : notre double cloné à partir de nos gènes. Objets fonctionnant comme des images qui nous renvoient une identité de dieux fabricateurs. Il nous faut un esclave où nous mirer dans notre toute-puissance anale.

Un jour, la nature n'existera plus, elle sera redoublée d'une nature technique, notre création. Nous pourrons dire, comme dans la Genèse :

> Soir et matin
> Le sixième jour
> Sont achevés le ciel et la terre
> Et toute leur suite [...]
> Dieu voit tout ce qu'il a fait
> C'est vraiment bon[64].

À moins que nous n'en soyons au septième jour, celui où Dieu arrête son travail pour faire un Adam de poussière et lui souffler dans les narines. On connaît la suite : Adam n'est pas comme Dieu, il n'a

63. Il y a toujours quelque chose qui cloche : Dieu a pris soin de nous faire *à son image* seulement – c'est-à-dire en moins bien que lui –, mais il a commis l'erreur de nous faire libres.

64. *La Bible*, Bayard, 2001 (traduit par Frédéric Boyer).

pas « quelqu'un devant lui ». C'est pourquoi Yahvé lui « bâtit une femme ». Ainsi commence la longue chaîne technologique des esclaves à poser devant soi comme doubles, pour le meilleur et pour le pire, afin d'être assuré dans son être...

## *De la science et de l'intérêt*

Tocqueville remarque bien le peu de goût pour la pensée des peuples des États-Unis démocratiques et libéraux d'Amérique : « Ceux qui cultivent les sciences chez les peuples démocratiques craignent toujours de se perdre dans les utopies. [...] [En effet,] la plupart des hommes qui composent ces nations sont fort avides de jouissances matérielles et présentes ; comme ils sont toujours mécontents de la position qu'ils occupent, et toujours libres de la quitter, ils ne songent qu'aux moyens de changer leur fortune et de l'accroître. Pour des esprits ainsi disposés, toute méthode nouvelle qui mène par un chemin plus court à la richesse, toute machine qui abrège le travail, tout instrument qui diminue les frais de production, toute découverte qui facilite les plaisirs et les augmente, semble le plus magnifique effort de l'intelligence humaine. C'est principalement par ce côté que les peuples démocratiques s'attachent aux sciences, les comprennent et les honorent[65]. » Que rajouter à ce texte d'une totale actualité ? La pensée est en effet limitée à une perspective utilitariste, telle que la théorie n'a de sens que dans ses effets pragmatiques à court terme. Voilà

65. Alexis de Tocqueville, *De la démocratie en Amérique*, Garnier-Flammarion, 1981.

pourquoi, pour les libéraux, l'enseignement comme la recherche scientifique devraient être inféodés aux attentes des industries de produits et services.

Des trois parts de l'esprit que distingue Tocqueville, seule la troisième intéresse véritablement l'homme libéral. Il n'a que faire « des principes théoriques, des notions abstraites » dont l'application n'est pas connue. Il n'éprouve un intérêt pour les « vérités générales » que dans la mesure où elles peuvent mener à la pratique. Ce sont « les procédés d'application et les moyens d'exécution » qui attirent son attention.

C'est pourquoi, dit encore Tocqueville, « [ces peuples] se défient des systèmes, ils aiment à se tenir très près des faits et à les étudier par eux-mêmes ; comme ils ne s'en laissent point imposer facilement par le nom d'aucun de leurs semblables, ils ne sont jamais disposés à jurer sur la parole du maître ; mais, au contraire, on les voit sans cesse occupés à chercher le côté faible de sa doctrine ».

Il faut sans doute ajouter à ce défaut d'intérêt pour la pensée une haine pour celle-ci. Haine vis-à-vis d'un maître qui aurait un savoir que l'homme libéral ne détiendrait pas, renvoyant à la haine du père privateur de la liberté de penser comme on veut, en dehors de toutes règles. L'égalitarisme, condition de la liberté de l'individu, conduit à ne s'en remettre à personne en matière de savoir. Ne pas oublier, non plus, que le savoir procède d'une généalogie divine : celui qui sait, celui qui est à l'origine du livre des livres, c'est Dieu – et le père pour le petit enfant. Nous avons tous connu sa rage, criant qu'il sait ce qu'il ne sait pas, ne supportant pas la blessure narcissique de l'ignorance.

Mais aussi haine pour tout ce qui est abstrait, perçu comme une menace, une critique muette adressée à l'homme du concret, au manipulateur de matières.

## *Raison trébuchante*

Les cognitivistes conçoivent l'homme sur le modèle du *computer* (en français, calculateur). Sans doute sont-ils les héritiers de Hobbes qui, lui, concevait la raison sur le mode du tiroir-caisse : « Quand on raisonne, on ne fait rien d'autre que concevoir une somme totale à partir de l'*addition* des sommes partielles, ou concevoir un reste à partir de la *soustraction* d'une somme d'une autre somme [...]. Et, bien qu'en certains domaines (comme dans les nombres) à côté de l'addition et la soustraction il y ait d'autres opérations comme la *multiplication* et la *division*, celles-ci sont cependant les mêmes. [...] Ces opérations ne concernent pas uniquement les nombres, mais toutes les sortes de choses qui peuvent être additionnées les unes aux autres et retirées les unes des autres[66]. » Selon Hobbes, les géomètres, les logiciens et les juristes ne font rien d'autre.

Les mots également passent à la calculatrice, de la colonne des unités à celle des centaines : l'addition de deux *noms* fait une *affirmation* ; celle de deux *affirmations* fait un *syllogisme* ; celle de deux *syllogismes* fait une *proposition*.

Hobbes, encore : « Les Latins appelaient *rationes* les comptes monétaires, et *ratiocinato* la comptabi-

66. Thomas Hobbes, *Léviathan*, *op. cit.*

lité, et ce que nous appelons dans les états ou dans les livres de comptes *écritures*, ils l'appelaient *nomina*, c'est-à-dire des *noms*[67]. » Ainsi va la raison quand elle est aimantée par le gain : méticuleuse, simpliste et gestionnaire.

## *La rationalité des choix*

L'homme libéral a partie liée avec les sciences dures. Lui-même est un produit naturel de la science, il fonctionne à la rationalité : c'est un calculateur égoïste et autonome. Les décisions qu'il prend, les stratégies qu'il choisit pour réaliser la satisfaction de ses intérêts personnels se présentent comme rationnelles.

La justice, la solidarité, le sens de l'autre, sa souffrance, les valeurs morales ne comptent pas d'un point de vue purement rationnel. L'harmonie libérale est aveugle, elle requiert quelques nécessaires dégâts. Le Marché exige cette froideur, cette neutralité purement scientifique que l'on retrouve dans les doctrines du management décrites par Pierre Legendre.

## *Nécessité du rationalisme*

Il faut que la conduite de l'homme soit rationnelle pour que la doctrine du libéralisme classique fonctionne. En effet, le miracle de la main invisible tient au fait que la conduite de chaque acteur est guidée par son intérêt, lequel fait l'objet d'un calcul rationnel. Pour les libéraux classiques, il y a donc nécessité de croire en la rationalité. Les sciences y aident.

67. *Ibid.*

Pour Adam Smith, si l'on mettait sur le marché un produit qui ne satisfaisait pas le besoin rationnellement défini d'autrui, il serait impossible de le vendre. C'est pourquoi, selon lui, l'intérêt personnel rencontre toujours l'intérêt de l'autre, et dépasse son origine égoïste : pour se satisfaire, il faut satisfaire l'autre !

Un tel angélisme repose sur des postulats incertains : si autrui n'a pas une conduite rationnelle, s'il lui arrive d'acheter des produits et services dont il n'a pas besoin, ou si la prospérité n'est pas réalisée sur terre malgré l'avènement du libéralisme, si la rareté subsiste et si le client doit se contenter de ce qu'il trouve sur le marché – en bref, si l'offre peut créer le besoin, au lieu que le besoin rende nécessairement l'offre oblative, alors l'harmonie perd son fondement rationnel et l'on poursuit son intérêt personnel malgré l'intérêt d'autrui, et non plus pour le satisfaire.

## L'ÉCONOMIE COMME FIGURE DE L'INFINI

### *L'économie, ou du désir à la chose*

Condillac : « La valeur des choses est fondée sur leur utilité, ou, ce qui revient au même, sur le besoin que nous en avons ; ou, ce qui revient au même, sur l'usage que nous pouvons en faire[68]. » Un bien est utile s'il est capable de satisfaire le désir, quel qu'il soit, s'il a à nos yeux une valeur – une valeur d'usage, puisque en user nous satisfait, mais pas encore économique.

Ce bien sera doté d'une valeur au sens économique (une valeur d'échange) quand pour l'acquérir je devrai sacrifier un autre objet. Un album de timbres vaudra une bicyclette si, pour l'acquérir, je dois la donner en échange au propriétaire de l'album.

Au début, c'était mon désir qui donnait une valeur (d'usage) à l'objet. Dès qu'il rentre dans la logique de l'échange, sa valeur s'autonomise. Elle semble attachée à l'objet plus qu'à mon désir d'en jouir. Elle n'est plus subjective mais collective, puisqu'elle n'a de sens qu'à être partagée par le propriétaire du bien que je veux acquérir, ce qu'il pose en acceptant

68. Étienne de Condillac, *Le Commerce et le Gouvernement*, Slatkine, 1980.

l'échange. Ce point est essentiel : ce n'est pas la valeur qu'ont les objets à mes yeux qui fonde leur valeur économique, mais l'échange[69]. Ainsi la valeur est-elle perçue comme une qualité intrinsèque de l'objet. « Le moi, bien que source générale des valeurs, se retire loin de ses créations[70] », dit Georg Simmel. Avec la monnaie, valeur des valeurs qui permet une généralisation de l'équivalence des biens, ce mouvement d'objectivation se voit surmultiplié.

C'est dans ce saut du désir subjectif à la valeur « déposée » dans la chose par le jeu des échanges que s'instaure l'économie[71].

## *De l'utilité de la monnaie*

L'utilité de la monnaie diffère de celle d'un bien d'usage. Ce dernier satisfait un désir singulier et concret, tandis que la monnaie est un potentiel qui englobe tous les biens possibles, et toutes les jouissances que l'on pourrait en tirer. L'utilité de la monnaie est infinie, tandis que celle d'un bien est finie. À peine un bien est-il possédé et consommé qu'il déçoit : il n'est plus objet de désir. La monnaie, elle, rassemble tous les possibles à venir dans le présent de sa possession. Elle est le fétiche d'un désir qui se trouve éternisé d'être, remarquons-le, suspendu à sa non-réalisation. Simmel, déjà cité : « Le caractère abstrait de l'argent, la distance à

69. Ce qui remet en question la *doxa* utilitariste, selon laquelle la valeur se fonde sur l'intérêt personnel.

70. Georg Simmel, *Philosophie de l'argent*, PUF, 1987.

71. Devenue modèle prégnant, l'économie monétaire induit en retour une nouvelle économie psychique, nous l'avons vu, où le désir est écrasé dans le besoin de consommer la chose.

laquelle, en soi et pour soi, il se tient de toute jouissance particulière favorise le plaisir objectif qu'on y prend, cette conscience d'une valeur dépassant largement l'usage particulier et personnel[72]. » Avec la monnaie, ce n'est plus la qualité de la chose possédée qui importe, c'est le fait même de posséder, intransitivement. Sous la forme de la monnaie, la propriété devient une fin en soi. La jouissance est dans la possession, et non plus dans l'objet possédé. Autrement dit, la monnaie devient un absolu qui dépasse la simple satisfaction apportée par un bien.

## *Aristote*

Aristote distingue deux usages de la monnaie.

Elle est d'abord une façon d'acquérir un bien – insatisfaisante, car il n'y a pas de juste prix pour Aristote. Nous avons alors une séquence où la monnaie est un *moyen* : bien/monnaie/bien.

On entre dans l'économie, dit Aristote, lorsqu'on achète la cargaison d'un bateau dans le but de produire de l'argent, obligatoirement extorqué à quelqu'un, selon lui. Nous avons cette fois une séquence où la monnaie est une *fin* : monnaie/bien/monnaie.

## *Clivages*

Dans le féodalisme, jusqu'au XVIIIe siècle, les rapports politiques, économiques, sexuels ou de savoir formaient un tout grâce au surplomb symbo-

72. *Philosophie de l'argent*, *op. cit.*

lique du divin. Le libéralisme, lui, joue la division des investissements. Le sexuel est renvoyé au monde privé, le politique devrait ne pas intervenir dans les entreprises, la science travaille pour elle ; quant à l'économique, il mène de son côté son jeu d'opérations croisées d'échanges et d'investissements financiers, virtuellement et en temps réel…

Multiplication des clivages, jusqu'au point de liquéfaction des significations. Dans le système de convertibilité généralisée de la valeur économique anonyme, tout équivaut à tout. Ce qui génère un terrain favorable au développement des mécanismes pervers : froideur, rationalisations fausses, méprises sur le sens et les valeurs, indifférence.

## *Un symbole sans référent*

Dans la culture chrétienne et patriarcale, Dieu fondait le sens de toute chose, et à partir de ce sens se définissait la valeur, qui était de ce fait à la fois symbolique et économique.

Avec le capitalisme, la valeur économique prime l'ensemble des autres valeurs, se débarrasse de tout symbolisme et trouve son référent dans la nature : d'abord la terre foncière, puis les biens produits par le travail, toujours transposables dans un métal que l'on pèse et dont on mesure la teneur – la monnaie est de l'or frappé par une norme, celle du pouvoir qui l'émet ; elle est l'étalon de toute autre valeur.

À partir du début du XXe siècle, la monnaie perd progressivement son référent : papier-monnaie abstraitement convertible en or, chèque bancaire, carte de crédit… La rupture est consommée lorsque

Nixon, en 1971, décide que le dollar, référent des autres monnaies mondiales depuis 1945, ne sera plus convertible en or. Il n'y a plus de référent matériel de la valeur, plus d'étalon-or.

La valeur monétaire ne se fonde plus que sur un auto-référencement, résultat d'un accord momentané entre des acteurs qui changent sans cesse d'avis. Les incertitudes de la Bourse en sont l'illustration. La monnaie ne renvoie plus au registre de l'avoir, elle devient la mémoire d'une dette, sur laquelle se fonde le crédit d'une personne. L'inscription de l'individu dans un réseau d'échanges permet de croire en lui.

Au même moment, Lacan redéfinit l'inconscient freudien comme un jeu de signifiants déconnectés des signifiés.

## *La transcendance libérale*

L'argument de la transcendance chez les libéraux, c'est la nature. À l'âge théologique, l'ordre et la loi ont pour origine la volonté divine. À l'âge libéral, l'homme poursuit son propre intérêt parce que c'est dans sa nature.

La nature sociale s'impose à tout individu. L'ordre social est le produit des volontés individuelles, sans qu'elles le sachent. Les jeux de l'offre et de la demande de chaque acteur économique conduisent, selon les libéraux, à la fixation d'un prix équilibré qui s'imposera à tous comme extérieur à eux, alors qu'ils l'ont construit sans le savoir. Il y a production endogène d'une extériorité – on pourrait parler d'une auto-transcendance du Marché.

## *Incertitude de la valeur*

Engouement, dépression, morosité, frisson, euphorie, optimisme, frénésie, marasme, peur, panique, fièvre, pari, jeu, chance, nervosité, confiance, inquiétude... Tels sont les mots qui peuvent nous assurer de la pérennité des valeurs sur lesquelles nous vivons. Ils sont couramment employés pour qualifier le moral de la Bourse. La valeur des titres, en effet, flotte au gré de l'opinion des actionnaires. Nous sommes loin du «juste prix» du temps de la féodalité.

Ainsi, c'est sans jamais prétendre à une vérité stable que la Bourse est le rite de totalisation des valeurs; elle fait office de vérité en dernier recours, de tribunal suprême – tout en étant auto-référentielle et fantasque.

Voilà pourquoi, comme les nobles des temps anciens qui acceptaient de mettre leur vie en jeu dans la guerre, les vrais hommes des temps modernes sont ceux qui savent que la vie est un jeu. Ils aiment le risque : ils bravent l'incertitude, entreprennent et savent s'adapter (ils disposent d'un capital suffisant pour diviser le risque et s'en prémunir, et souvent d'un parachute en or[73]). Les sous-hommes, les gagne-petit en tout genre (fonctionnaires et salariés, chômeurs...) qui n'osent pas entreprendre, en appellent, eux, à la sécurité. Prétextent-ils que leurs modestes moyens ne leur laissent pas d'autre choix? Vous êtes responsables puisque vous êtes libres! leur

73. Philippe Jaffré, Elf Aquitaine : 10 millions d'euros; Jean-Marie Messier, Vivendi Universal : 5,63 millions; Pierre Lescure, Canal+ : 4,124 millions; Pierre Bilger, Alstom : 5,1 millions...

répondra-t-on à la mode de Von Hayek – responsables de n'avoir ni chance ni courage.

## *Adam fils d'Adam*

Le 5 juin 1723, Adam Smith naît à Kirkcaldy, en Écosse. Sa mère, jeune veuve de dix-sept ans, lui voue un amour exclusif – et le baptise du prénom de son père, douanier, mort cinq mois auparavant.

On croit savoir qu'elle resta le plus grand amour de sa vie, puisqu'on ne lui connaît qu'une relation, malheureuse et platonique. Introverti, souffrant d'un physique disgracieux et d'une tendance affirmée au bégaiement, il ira répétant à ses visiteurs que rien n'est beau en lui que ses livres. C'est dire à quel point il a investi la vie intellectuelle. Enseignant, il occupe la chaire de logique, puis celle de philosophie morale, à l'université de Glasgow. En 1759, il publie un résumé de son cours sous le titre *Traité des sentiments moraux*, œuvre qui lui assure une certaine notoriété, et l'amitié de David Hume. Celui-ci lui procure une charge de précepteur à Paris. À partir de 1763, Smith y fréquente les philosophes français, notamment Turgot et d'Alembert. Il regagne l'Écosse en 1766, où il rédige dans la solitude ses *Recherches sur la nature et les causes de la richesse des nations*, qu'il publiera dix ans plus tard.

Ce livre s'inspire étroitement des écrits de Turgot. Il n'est guère original, mais il arrive au bon moment et apparaît comme un des premiers écrits « scientifiques » en économie. Smith y défend avec conviction la liberté individuelle, non seulement sur un plan moral, mais encore comme un facteur d'efficacité économique qui offre une troisième voie permettant de sortir de l'alternative d'alors entre la vision politique monarchiste et les théories plutôt socialisantes de Jean-Jacques Rousseau. « La main invisible », formule qui n'apparaît qu'une fois, connaît, comme le livre lui-même, un incroyable succès.

Ce texte fondateur du discours économique insiste sur le rôle bénéfique du marché et de la concurrence. Smith, prônant le libre-échange, condamne les politiques mercantilistes, et particulièrement les appareils douaniers qui avaient fait vivre un père que, peut-être, il ne se contenta pas d'idéaliser – il en (sup)porta le prénom, tant aimé par sa mère. Le succès appelant le succès, il aurait pu accepter une chaire prestigieuse que l'Université était prête à lui accorder. Chose étrange, il préféra devenir en 1777 commissaire des douanes, comme l'avait été son père ! Dans son enfance, il avait souffert à diverses reprises d'étranges absences, qui se manifestèrent de nouveau et plus fréquemment. Après le décès de sa mère, en 1782, il devint de plus en plus excentrique et commença à errer dans les rues, vêtu de l'uniforme paternel…

Le 8 juin 1790, Adam Smith, douanier écossais, mourait dans un oubli relatif. Alors que son œuvre avait déjà fait sa gloire.

## *Darwinisme économique*

La liberté du Marché conduit à la volonté de puissance : fusions-acquisitions, OPA, absorptions sont une nécessité. Pour ne pas mourir, il faut s'agrandir : tel est l'impératif catégorique auquel sont soumis les groupes industriels depuis la déréglementation des marchés. La mégalomanie des capitaines d'industrie se trouve libérée de toute entrave. La politique du capital consiste à s'allier, à s'influencer, à s'affronter, à se trahir, à se mentir, à s'espionner, à s'entre-dévorer, à s'entre-tuer, à vivre dans l'angoisse chronique de l'attaque d'un prédateur possible. Tous les coups sont permis, jusqu'à l'autodestruction (krach et bulles diverses, revenant avec la régularité d'un balancier). Voilà un état de choses contre lequel toute protestation éthique paraît hors de propos, puisque tel serait l'ordre naturel du monde…

Et qu'importe si la théorie d'un marché où règne la liberté libérale débouche sur son exact contraire. « Quand un même groupe assure à l'échelle nationale à la fois la distribution d'eau, le ramassage scolaire, la gestion hospitalière, l'enlèvement des ordures, la téléphonie fixe et mobile, l'accès Internet et la gamme presque complète des produits du divertissement, il est vrai qu'il y a lieu de le considérer comme une puissance se déployant à l'échelle même de la cité entière, c'est-à-dire en vis-à-vis direct avec l'État[74]. »

Quelle étonnante concordance avec l'avidité orale, le narcissisme mégalomaniaque et cannibale du petit enfant, qui fait de l'autre un objet à dévorer ou à utiliser ! Telles sont les « valeurs naturelles » qui guident les conduites des grandes firmes. Pour pouvoir vivre dans le monde qu'elles dominent, les individus sont invités à s'y conformer.

---

74. Frédéric Lordon, *La Politique du capital*, Odile Jacob, 2002.

## *Petite recette de psychologie*

Point n'est besoin d'endoctriner, la pratique suffit.

Plongez un individu dans la nécessité de réaliser des actes qui sont contraires à sa morale personnelle. Par exemple, en milieu industriel ou financier, amenez-le à devoir faire souffrir ses collaborateurs en leur demandant des efforts de productivité qui dépassent le raisonnable et en les harcelant moralement. Il se trouvera dans une situation de conflit entre ses actes et ses valeurs.

Si l'environnement est suffisamment contraignant, si par exemple il ne peut quitter son emploi, il résoudra ce conflit en changeant de morale afin de pouvoir justifier ses actes.

## *Une impuissance qui profite*

« Le Marché, c'est le destin » ; « Le Marché est l'ordre naturel des choses » ; « Nous ne pouvons contrôler le résultat de nos actions individuelles ou collectives » ; « Nous devons nous en remettre au Marché ».

Le libéralisme tente de nous convaincre de l'impuissance des uns pour assurer le privilège des autres.

## *De quoi parle-t-on ?*

Le capitalisme, selon Jean Baechler[75], tient à quatre traits :

1. Il faut qu'existe un *droit de propriété* (subsidiairement, une force d'État qui le fasse respecter) pour

75. « L'avenir du capitalisme », *Revue du MAUSS*, n° 9, 1997.

que les acteurs puissent conserver leur gain acquis et qu'ainsi une économie capitaliste se développe.

2. Les ressources rares doivent se distribuer *sur un marché* (et non être propriété d'État).

3. Elles font l'objet de *libres négociations* : sur le marché, les acteurs sont les entrepreneurs; ils ne doivent pas subir le contrôle des États.

4. Il faut qu'existe une logique du tout économique fondée sur *l'enrichissement pour l'enrichissement*, dans un jeu d'accumulation sans fin.

### *Harmonie du marché ultralibéral*

Le programme ultralibéral mis en place aux États-Unis depuis les années 1980, suivant les préceptes de Von Hayek, permet d'atteindre l'harmonie du marché libre : les États-Unis comptaient 13 milliardaires en 1982, 170 en 2000.

Un PDG d'entreprise gagnait 42 fois plus qu'un travailleur d'usine en 1980, 419 fois plus en 1999[76].

### *Du bon usage du mot « liberté »*

Milton Friedman appelait de ses vœux la néo-libération des monnaies, Richard Nixon l'a exaucé ! Après le découplage, en 1971, du dollar de sa valeur en or, les monnaies se sont mises à fluctuer librement, enfin débarrassées de leur référent réel. Ce désarrimage symbolique est un événement clé dont les effets dépassent de loin la dimension économique. Dans le libéralisme classique, le mythe de la nature avait remplacé le

---

76. *La Presse* (Montréal), 12 septembre 1999.

mythe divin mais la logique restait identique. De même que dans la peinture perspectiviste de la Renaissance la réalité était construite à partir d'un point de fuite non représentable, le sens avait pour point d'ancrage une transcendance, le supposé réel de la nature. Désormais, le dollar, et avec lui toutes les monnaies, était entré dans l'ère de l'auto-référencement.

Mais la finance subissait encore le joug de lois obsolètes. D'où le mouvement des « 3 D » : déréglementation, désintermédiation, décloisonnement. Il fallait déconstruire !

La déréglementation des systèmes nationaux de contrôle des changes, grâce à Ronald Reagan et à Margaret Thatcher, aboutit à la création d'un marché unique des capitaux en 1990. La désintermédiation permit le financement direct des entreprises sur le marché financier : plus besoin des banques. Le décloisonnement supprima les frontières entre monnaies, capitaux, devises, obligations, bons du Trésor, actions... L'ensemble fut réuni dans un seul marché qui permit à la spéculation de ne plus être compartimentée.

La finance était enfin libérée de ses chaînes, on connaît la suite. Vint le temps des fonds de pension et des fonds spéculatifs. La politique des États se décide désormais à la corbeille – et le général de Gaulle se retourne dans sa tombe.

## *La mémoire courte*

Eric J. Hobsbawm : « Ceux d'entre nous qui ont vécu la Grande Crise trouvent presque incompréhensible que les orthodoxies de marché pur, si clairement discréditées, aient pu de nouveau présider à une période de crise mondiale à la fin des années 1980 et dans les années 1990 qu'elles furent une fois de plus incapables de comprendre et de traiter. Reste que cet étrange phénomène devrait nous remettre en mémoire, parce qu'il l'illustre, cette grande caractéristique de l'Histoire : la mémoire incroyablement courte des théoriciens et des praticiens de l'économie[77]. »

## *Violence du marché, irresponsabilité des hommes*

La religion économique permet à l'individu de se considérer comme non responsable des souffrances d'autrui. C'est la loi naturelle du Marché, nouvelle figure d'une volonté divine, qui provoque une répartition inégalitaire des richesses et exclut du système de plus en plus de personnes. Nul n'y peut rien ! Et l'indifférence aux autres est normale : sans indifférence, pas de liberté. En les considérant avec un peu de hauteur, on peut même se dire que ces souffrances sont un mal pour un bien... La main invisible est infaillible, elle ne peut se tromper...

## *L'économie, c'est la science*

Au XVIIIe siècle, le libéralisme prend son essor, l'économie se sépare de la philosophie morale pour se fonder en scientificité. Elle se donnera bientôt pour tâche de « découvrir les lois éternelles, a-spatiales et transhistoriques de la gravitation univer-

77. Eric J. Hobsbawm, *L'Âge des extrêmes : le court XXe siècle, 1914-1991*, Complexe, 1999.

selle des marchandises au sein de l'univers social et d'en donner des formulations rigoureuses, si possible sous forme d'équations mathématiques[78] ». Elle rejoindra les sciences dures par le truchement de la mathématique, et tentera de se distinguer de la sociologie et de l'histoire, sciences molles.

Le marché comme cosmos harmonieux dont on peut étudier scientifiquement les lois éternelles, voilà le nouveau credo. La science et surtout les croyances scientistes qui en dérivent sont mises au service du libéralisme. Tant pis si aucune équation mathématique n'a été encore capable, en 2003, de rendre compte d'une réalité économique ! Cela n'empêche pas l'économie, grâce à ses oripeaux scientifiques, de se donner l'apparence d'une science dure ! Mais elle n'en reste pas moins une science sociale.

## *Sous la science, le sujet*

*Soit l'économie est une science dure.* Elle s'applique à analyser, grâce à l'instrument mathématique, un système complexe qui obéit, à l'image du monde physique, à un déterminisme strict. C'est la tradition de l'« économie pure » initiée par Walras et Pareto, à laquelle on peut associer l'« économie positive » qui, sous le couvert de l'appareil statistique, parfois baptisé économétrique, se contente d'être une science d'observation. L'économie est une science en marche, comme on dit, qui n'a pas encore été en mesure de formuler des lois scientifiques pour rendre compte

78. Serge Latouche, « Histoire et économie : d'un mariage raté à un divorce impossible, les malentendus d'une cohabitation conflictuelle », colloque « Économie historique : bilan et perspectives », universités Paris II, Paris VIII et Paris XI, décembre 1994.

des causes qu'elle n'a pas encore découvertes. Mais ça viendra, il faut y croire (!). Si elle a pu proposer des formalisations du passé, elle n'a pas encore su prouver sa valeur prédictive (et pour cause !).

*Soit l'économie est une science de l'action humaine* et, en tant que telle, politique. Une science humaine et « molle » qui décrit le jeu des acteurs économiques sans prétendre atteindre à la vérité totale – et risque de découvrir quelques pots aux roses !

La prétendue scientificité de l'économie « pure » a le mérite de provoquer des effets de vérité favorables au libéralisme : il existerait une nature économique vraie prouvée par la science, aussi indépendante de la volonté des hommes que la course des étoiles. Fin du sujet, et du politique.

### *Rationalité de l'économie politique*

Les mathématiques ne nourrissent aucun lien avec la morale. Elles sont un langage (ou un outil) permettant de déduire, et d'exprimer de manière concise, des relations, le plus souvent entre grandeurs quantitatives. Les mathématiques sont indépendantes de tout système de valeur, de même que l'informatique. C'est pourquoi elles sont adaptées à la méthodologie dominante de l'« économie pure ». Rares sont les économistes qui se préoccupent de comportements éthiques, par définition irrationnels.

### *Passe-passe*

Faire du Marché un phénomène naturel, au lieu d'un fait social. S'empêcher de penser, afin de s'en convaincre.

## Le progrès, bonne nouvelle des temps modernes

### *La foi progressiste*

Nous allons vers le bonheur. La marche du progrès nous y conduit infailliblement, et nous apporte toutes les réponses possibles. Notre désir est-il illimité et insatiable ? Le développement infini de la production libérale des biens et services nous apportera toujours plus de bien-être et satisfera le moindre de nos caprices. L'homme est mauvais ? Grâce à la démocratie libérale, le progrès moral est en marche. Le monde est hostile ? Avec les avancées de la science, nous progressons chaque jour dans la domination de la nature. Un jour l'humanité aura exaucé son rêve, elle sera devenue invincible, elle sera maîtresse de l'univers. Grâce aux techniques médicales, la maladie a reculé. Demain, la mort elle-même sera vaincue, les essais de clonage ne sont qu'un premier pas sur la voie de l'immortalité. Ainsi deviendrons-nous éternels.

Puisque le progrès est une donnée naturelle à laquelle nous ne pouvons échapper, le paradis sur terre est une certitude. Pour demain. Il remplace le paradis au ciel que nous promettait la religion. Il remplit la même fonction, qui est de nous rassurer dans notre narcissisme : grâce au progrès nous sommes (presque) tout-puissants et immortels. Si ce n'est nous, ce seront nos enfants ou nos petits-enfants...

## *Grandir*

Nous ne cessons de nous développer, nous gagnons chaque jour en force et en sagesse. Notre horizon s'élargit grâce à nos découvertes incessantes, chaque jour nous maîtrisons un peu plus le monde. Nous en sommes encore à l'enfance de l'humanité, nous venons juste, depuis quelques petits millénaires, de nous dresser sur nos jambes, et depuis nous grandissons, nous grandissons...

## *Travailler plus*

Les progrès des techniques sont infinis. Nous pouvons communiquer d'un bout du monde à l'autre en temps réel. Nos divers robots peuvent travailler à notre place et alléger d'autant notre temps. Notre capacité de production alimentaire permet d'assurer l'autosuffisance à la planète entière.

C'est pourquoi « il est évident qu'il faudra travailler plus et plus longtemps[79] », comme l'affirme Claude Bébéar, un des ténors du Medef – si l'on a la chance de ne pas être au chômage, ou de ne pas mourir de faim...

---

79. *Le Journal du dimanche*, 12 mai 2002.

### *La libération des désirs comme source du progrès*

Avec le libéralisme, le bonheur n'est plus dans la tempérance et la maîtrise stoïcienne des désirs. La vertu est vieux jeu, vive la libération de tous les désirs. Telle est la leçon de Bernard de Mandeville, reprise par Adam Smith, quoi qu'il en dise, et par nos sociétés postmodernes. La fierté, le goût du luxe, des plaisirs et du confort n'ont pas de fin. Les besoins se multiplient sans cesse. Un besoin satisfait crée un nouveau besoin, réclamant une nouvelle offre, de nouveaux produits, de nouveaux services…

Nos envies sont par nature infinies, leur libre expansion garantit ce qu'on désigne sous le doux mot de « développement » – du bien-être et des affaires. On n'arrête pas le progrès !

### *Une béquille nécessaire*

Sidney Pollard : « Le monde aujourd'hui croit au progrès, car la seule alternative possible à la croyance au progrès est le désespoir total[80]. »

### *Les deux sources du progrès*

Credo ancien : la providence divine est à l'œuvre, un jour nous serons libérés du poids de la terre – avec l'arrivée du prophète, la fin du millénaire ou le jugement dernier, qui ne saurait tarder, ou bien

80. Cité par Christopher Lasch, *Le Seul et Vrai Paradis*, *op. cit.*

(eschatologie profane) avec la révolution socialiste et la dictature du prolétariat.

Credo moderne : la science est immortelle, elle va de découverte en découverte. Peu importe si elle se trompe aujourd'hui, car elle a la faculté de s'autocorriger. La science ne peut qu'aller de l'avant, et avec elle les techniques dont nous bénéficions. Un monde nouveau est en marche grâce à la révolution permanente, technique et apparemment démocratique du libéralisme. Aujourd'hui est bien mieux qu'hier, et moins bien que demain.

## *La chute*

« La découverte tardive que l'écologie de la planète ne supporterait plus une expansion illimitée des forces de production porta le coup fatal à la croyance dans le progrès. Une distribution plus équitable de la richesse, c'est désormais l'évidence, requiert au même moment une réduction drastique du niveau de vie dont bénéficient les nations riches et les classes privilégiées[81]. » L'universalisme libéral n'est plus crédible : l'Occident ne peut plus apporter la prospérité et le bonheur (avec la démocratie !) à la planète – pour autant que ce discours ait été la manifestation d'une authentique volonté plutôt que d'un impérial désir de toute-puissance ; désir au-delà de toute réalité, notamment au mépris des « bénéficiaires », donc saturé d'un imaginaire dont on aura reconnu la facture.

81. *Le Seul et Vrai Paradis*, *op. cit.*

## *Le progrès, l'instant et la perfection des choses*

Le progrès ruine l'instant : le futur proche rend le présent caduc. Ainsi, le progrès conduit à délaisser l'établissement dans le présent pour un hypothétique à-venir. Tocqueville, à propos de la démocratie libérale du XIXe siècle : « On ne saurait croire combien de faits découlent naturellement de cette théorie philosophique suivant laquelle l'homme est indéfiniment perfectible, et l'influence prodigieuse qu'elle exerce sur ceux mêmes qui, ne s'étant jamais occupés que d'agir et non de penser, semblent y conformer leurs actions sans la connaître.

« Je rencontre un matelot américain, et je lui demande pourquoi les vaisseaux de son pays sont construits de manière à peu durer, et il me répond sans hésiter que l'art de la navigation fait chaque jour des progrès si rapides, que le plus beau navire deviendrait bientôt presque inutile s'il prolongeait son existence au-delà de quelques années[82]. »

## *Libéralisme hétéronome*

Hétéronomie : état où la société impute à un autre la création de ses institutions et de ses lois. Dans nos religions du Livre, cet autre fut un père au ciel. Avec la philosophie des Lumières, on aurait pu penser que l'autonomie allait se développer. *Exit* l'idée de providence, la transcendance du père divin. Pourtant, l'idée marxiste de « loi historique », selon laquelle le capitalisme ne pourrait que se dépasser

82. Alexis de Tocqueville, *De la démocratie en Amérique*, *op. cit.*

lui-même, faisant naturellement advenir une société socialiste, réintroduit de la croyance. Notamment la croyance en un progrès inévitable que la loi du Marché génère de soi-même... C'est-à-dire, en terminologie de gauche, la vulgate néolibérale telle qu'en elle-même !...

La différence tient à une inflexion mythologique : l'hétéronomie religieuse renvoyait à un père légiférant, celle du Marché renvoie à un « grand tout » qui nous porte vers le bonheur sans notre intervention. Quoi que nous fassions, quelles que soient les décisions des individus, le Marché est le cosmos économique dans lequel nous baignons, il nous apporte(ra) le bien-être. Nous pouvons nous comporter en sales gosses, cela ne changera rien, au contraire. Le Marché est notre bonne mère.

## *Progrès et socialisme*

Au XIXe siècle, il faut choisir entre deux socialismes : l'un croit au progrès, l'autre pas.

Du côté du « passéisme » et de l'« utopie », les artisans et commerçants indépendants. Ils luttent pour que le capitalisme industriel soit entravé afin de protéger les communautés de métier et les valeurs traditionnelles. Pour eux, les hommes qui travaillent en échange d'un salaire acceptent une situation d'esclavage. Ce ne sont pas les patrons qu'il faut attaquer, mais les financiers cupides qui se cachent derrière eux. Leur combat contre l'industrialisation n'entre pas dans la logique de l'économie politique : ce n'est pas seulement un revenu qu'ils défendent, mais un mode de vie. Ce sont eux les plus radicaux.

Les socialistes, eux, se proclament scientifiques. Ils estiment que la prolétarisation est une phase transitoire dans la marche du progrès. Il faut donc accepter l'ordre naturel et incontournable de l'évolution, c'est-à-dire devenir ouvrier d'usine.

Une fois constituée, la classe ouvrière devient un groupe d'intérêt luttant au sein du système industriel capitaliste. Résoudre les problèmes du salariat se réduit alors à obtenir un haut salaire.

En partageant les prémisses du système symbolique libéral (vérité de la science et progrès conduisant au bonheur), les socialistes sont happés par sa logique.

## *À la même mamelle*

Et si, dans son jeu de surenchère « communicationnelle », le libéralisme révélait une donnée du socialisme ? S'il était fondé à reprendre à son compte, comme il le fait, les slogans de gauche : « Nous sommes les forces de progrès », « Vive la révolution », « À bas les lois iniques et totalitaires », « Du passé faisons table rase » ?

Le progrès et la modernité sont les deux mamelles auxquelles s'abreuvent le marxisme comme le libéralisme. Avec Jean-Claude Michéa[83], on peut penser qu'ils sont tous deux enfants de la philosophie des Lumières. Ils ont des paradigmes en commun.

---

83. Jean-Claude Michéa, *Impasse Adam Smith : brèves remarques sur l'impossibilité de dépasser le capitalisme sur la gauche*, Climats, 2002.

# 5

# Interdit d'interdire

*Où l'on constate que l'homme libéral est ennemi des lois – sauf de celles dont il peut tirer profit. Aversion pour le père et l'État, sources de la contrainte et de la limitation.*

## *Perversion des lois*

Il y a plusieurs manières de mettre à bas l'édifice des lois monté par la civilisation chrétienne. Mandeville utilise le procédé du retournement en son contraire : ce qui était un vice devient une vertu. Benjamin Constant propose le refoulement pur et simple : « Les lois n'étant que l'expression des relations qui existent entre les hommes et ces relations étant déterminées par leur nature, faire une loi nouvelle, c'est seulement une déclaration nouvelle de ce qui existait précédemment. » C'est dire que le législateur n'est pas en position de légiférer. La morale devient simplement hors de propos, nulle et non avenue. Pour asseoir sa position, Benjamin Constant fait appel à la science, toujours bonne fille : « Le législateur reste pour l'ordre social ce que le physicien est pour la nature. » C'est ce que font nombre de députés aujourd'hui, de gauche comme de droite : leur désir de durer les conduit à proposer des lois faites pour enregistrer les évolutions sociales, celle des mœurs par exemple, de leur prochain électorat plutôt qu'à oser définir ce qui est souhaitable.

Joli tour de passe-passe, dans lequel on décèlera encore une fois le génie de la perversion. Transgresser la loi en faisant passer pour la vraie loi, la loi « naturelle », ce qui est mon désir. Ainsi commence la perte des repères…

## UNE ÉTHIQUE « LIBÉRÉE »

### *Passe-passe*

Premier tour que le libéralisme fait jouer à la morale : ce qui doit être, c'est ce qui est. Dans la nature, tout est bon. Qui ne souscrirait à cette permissivité, gage de tous les bonheurs et libératrice de ce que des esprits chagrins appelaient des vices ?...

Second tour : attention, la nature n'est pas ce que nous, pauvres esprits, croyons ! Heureusement, la science nous guide, elle nous dit ce qu'elle est en vérité. Réduite, plus ou moins malgré elle, à jouer un rôle prescripteur, la science se trouve mise en position d'appareil de pouvoir symbolique, et trahit ainsi sa vocation affichée de recherche de la vérité pour la vérité.

### *Pas de morale naturelle*

Sade a lu son Hobbes : « Les désirs et les autres passions humaines ne sont pas en eux-mêmes des péchés. » En effet, la nature est hors la loi : elle est innocente. Et nous sommes avant tout des êtres naturels... C'est le souverain qui énonce la loi, il faut se méfier de lui, il est inique et contraignant par définition.

## *L'ordre du possible*

Michel Schneider : « À un ordre névrotique structuré selon le rapport symbolique entre l'interdit et le permis se substitue un ordre (ou un désordre) pervers n'opposant plus que l'impossible au possible[84]. » Non plus : Est-ce que j'ai le droit de le faire ? mais : Est-ce je vais y arriver ? Au lieu de l'interdit, l'impuissance.

## *Escamotage de l'éthique*

Dans la société religieuse, la loi émanait d'une transcendance, elle représentait la volonté divine. Dieu disparu, il reste à fonder la loi. Les libéraux détournent l'esprit de la science en disant : ce qui doit être, c'est ce qui est. Et ce qui est, c'est ce que la science (économique, mais pas seulement) décrit.

D'où le culte de la nature où les choses sont ce qu'elles sont, au détriment de la conception d'une histoire humaine construite par des sujets qui cherchent à inventer leur destin. L'essence précéderait l'existence. Il n'est plus besoin de père (père divin, père de la nation, père de famille) puisqu'il n'y a pas de morale, il n'y a pas de sens à donner (ni direction, ni signification). Le Marché nous porte, écoutons en nous le Marché.

## *Sade libéral*

Sade s'y entend pour mettre à nu le mécanisme libéral et le pousser à bout. La philosophie dans le boudoir vaut pour la philosophie à la Bourse.

---

84. *Big Mother : psychopathologie de la vie politique*, Odile Jacob, 2002.

Lorsque Dolmancé entreprend d'éduquer Eugénie à la sortie de son couvent, il utilise la même rhétorique qu'un Mandeville ou un Helvétius. N'auraient-ils pu dire, comme Sade : « Nourrissez-vous de ces principes [ceux de *La Philosophie dans le boudoir*], ils favorisent vos passions, et ces passions, dont de froids et plats moralistes vous effraient, ne sont que les moyens que la nature emploie pour faire parvenir l'homme aux vues qu'elle a sur lui ; n'écoutez que ces passions délicieuses, leur organe est le seul qui doive vous conduire au bonheur » ? La passion égoïste est naturelle, il faut n'écouter que son intérêt personnel, c'est dans la nature du Marché. Il ne faut pas écouter la voix de la morale, résidu en nous de la voix divine des temps médiévaux.

## *Persistance*

1723 : Bernard de Mandeville publie en Angleterre une seconde édition de sa *Fable des abeilles*, sous-titrée *Private Vices, Public Benefits* (traduit en français par *Les vices privés font le bien public*). Cet objet de scandale est vite oublié (il sera retrouvé par Marx). En France, sa traduction est condamnée à être brûlée en 1740. L'argument est résumé ainsi par l'auteur lui-même : « C'est ce que nous appelons Mal dans le monde soit moral soit physique qui est le grand principe pour nous rendre des créatures sociales. »

1776 : dans *La Richesse des nations*, Adam Smith emploie la notion de main invisible : « En dirigeant cette industrie de manière à ce que son produit ait le plus de valeur possible, il ne pense qu'à son propre gain ; en cela, comme dans beaucoup d'autres cas, il est conduit par une main invisible à remplir une fin qui ne rentre nullement dans ses intentions. Tout en ne cherchant que son intérêt personnel, il travaille souvent d'une manière bien plus efficace pour la société que s'il avait réellement pour but d'y travailler.» Comme Bernard de Mandeville, Adam Smith estime que le vice individuel produit le bien commun.

Au XX^e siècle, Friedrich Von Hayek reprend, quoi qu'il en dise, le même thème. Pour lui, les mobiles de nos décisions n'ont pas d'importance : nous n'avons pas la faculté de faire des choix rationnels faute de disposer des informations suffisantes. Nous pouvons donc nous permettre n'importe quoi ! Nous ne ferons que concourir, immanquablement, à l'ordre spontané du Marché – version hayékienne de la main invisible.

## *Stratégie marketing du libéralisme*

Mme de Saint-Ange exposant ses projets d'éducation de l'ingénue : «Il est bien sûr que je n'épargnerai rien pour la pervertir, pour dégrader, pour culbuter dans elle tous les faux principes de morale dont on aurait pu déjà l'étourdir ; je veux en deux leçons la rendre aussi scélérate que moi.» L'homme libéral a de lui une vision cynique et désabusée... mais la nature est elle-même cynique ! pense-t-il. Elle ne connaît d'autre morale que la loi du plus fort. Toute autre morale est un faux-semblant. Tel est le discours pervers, le discours du diable auquel l'homme libéral s'identifie inconsciemment.

S'il est impossible de faire taire en soi la voix de la morale, cela n'a pas d'importance... Il suffit d'opérer à cet endroit un renversement du discours pour faire feu de tout bois : qu'il existe une loi, tant mieux, car en la transgressant, en la bafouant, je pourrai montrer qu'elle n'est qu'une injuste pacotille. Être maître de la loi en démontrant ses faiblesses, telle est la jouissance perverse. Le discours sur la nature n'est qu'une couverture « théorique ».

Jouissance du marketing : éteindre chez l'autre les désirs qui ne seraient pas consuméristes... Le réduire à être le maniaque de ce que l'on appelle (le mot se prononce avec un soupçon de componction, afin de neutraliser ses relents d'analité) un « produit ».

### *Simple astuce ?*

Non, protestent les libéraux classiques, notre éthique utilitariste n'est pas une éthique égoïste. C'est le bien de la collectivité que nous visons... mais (fort opportunément) c'est à travers la recherche par chacun de son bonheur individuel que l'on parvient à celui de la collectivité.

Si la démarche était ouvertement cynique, elle signifierait : pour justifier l'égoïsme des nantis, il suffit de prouver (c'est-à-dire de faire croire) qu'il conduit au bonheur de tous.

### *Théories perverses*

Afin de justifier ses impostures, le pervers élabore des théories visant à prouver ses idées, souvent présentées sous un jour dogmatique. Il ne pense pas, c'est-à-dire que sa démarche intellectuelle ne lui fait rien découvrir : elle ne lui sert qu'à présenter de façon acceptable ce qu'il sait déjà.

Le pervers cherche à se poser comme le vrai porteur d'une éthique inversée, justifiant les transgressions. Ainsi va-t-il amener l'autre à s'affranchir de ses «préjugés» et à laisser libre cours à son envie de satisfaire des jouissances interdites. Ce faisant, il recherche l'emprise sur lui, la réorientation à son profit de ses appétits libidinaux (en économie capitaliste, la stratégie de l'offre de consommation).

La théorie libérale invite à cette «libération» : auparavant, il fallait soumettre ses désirs à la morale et au droit définis par le père céleste et ses représentants sur terre. Mais s'il est naturel de rechercher égoïstement sa satisfaction personnelle, si le besoin personnel est une loi naturelle, comme le soutient le libéralisme, alors c'est le désir qui définit la loi, c'est le désir qui fait force de loi, et non le contraire. Jouissez sans entraves ! Tel est le discours pervers libéral.

## *Le libéralisme et le Mal*

Le libéralisme se rencontre rarement à l'état d'élément pur. Là où il triomphe, aux États-Unis, il se révèle même soluble dans le christianisme des sectes – à moins que ce ne soit le contraire.

Cette cohabitation est possible grâce au mécanisme de défense propre à la perversion : le clivage qui permet d'être libéral à la Maison-Blanche, tout en étant «né de l'esprit divin» au temple dominical sans y percevoir de contradiction.

Alors peut s'opérer un renversement. Aujourd'hui que le politique s'est affranchi du religieux, il peut l'instrumentaliser. Tout candidat à la présidence américaine appelle à lui les sectaires chrétiens. Et la paranoïa chrétienne se trouve mise au service de la mégalomanie libérale. Le pervers sait réduire tout discours à une rhétorique servant ses intérêts : les ennemis du libéralisme deviennent les suppôts du Mal chrétien.

## *L'ultraliberté comme éthique*

On l'a dit, les néolibéraux donnent dans la rhétorique plutôt que dans la théorie. Pour eux, tout argument est bon, pourvu qu'il serve leur conclusion.

Il est un thème qui revient pourtant plus souvent que les autres, celui de la liberté. Sans toujours dépasser le niveau des jeux de mots dont la publicité est friande : la liberté, c'est le libéralisme ! Quel cerveau n'« engrammerait » pas, malgré lui, cette association phonique ? Milton Friedman : « En tant que libéraux, nous prenons la liberté de l'individu, ou peut-être de la famille, comme but ultime permettant de juger les institutions sociales[85]. »

Chez les libéraux classiques, le bonheur public (utilitarisme) ou la justice (droit naturel) primait toujours la liberté.

Chez les ultralibéraux, le mythe de la transcendance naturelle de l'harmonie du Marché permet de faire passer la pilule. On peut tout se permettre, puisque nécessairement tout acte concourt à l'équilibre du Marché… Presque tout : ni les révolutions, ni les syndicats, ni les décisions d'État ne visent le bien public. Il faut des lois pour les contraindre afin de libérer la liberté…

---

85. *Capitalism and Freedom*, University of Chicago Press, 1982.

## *Délinquance des entreprises*

Il suffit de lire le journal pour connaître le programme libéral en matière de justice et de morale. Cette évidence nous crève les yeux. Elle fait le vide en nous.

Il serait fastidieux d'énumérer les actes de délinquance commis chaque jour par les grands acteurs du libéralisme. Quelques exemples. Enron a dissimulé 2 milliards de dollars de dettes, avec la complicité de la société de conseil Arthur Andersen : 98 % de sa valeur est partie en fumée, mais les cadres ont bénéficié de primes de départ somptueuses et les initiés ont vendu leurs actions ; les salariés, eux, ont découvert que le règlement intérieur leur interdisait de vendre les leurs. WorldCom, bénéficiant de la loi états-unienne sur la faillite, a omis de comptabiliser 3,85 milliards de dollars de coûts ; Xerox a gonflé ses ventes de 6 milliards de dollars ; Merck a enregistré 12,4 milliards de dollars de chiffre d'affaires fictif… Comment en est-on arrivé là ? La mise en place du programme néolibéral depuis vingt ans a vu la « libération » du Marché : déréglementation, perte de pouvoir des autorités publiques de contrôle. La logique de la concurrence l'exigeait. Pour conserver les formes, le président Bush joue les enfants de chœur…

## *À la source du libéralisme*

Au cours du XVIe siècle, la population indienne a été réduite de 90 % au Mexique et de 95 % au Pérou. Las Cases : « Qui parmi les générations futures croira cela ? Moi-même, qui écris ces lignes, qui l'ai vu de mes yeux et qui n'en ignore rien, je peux difficilement croire qu'une telle chose a été possible. »

Pour le seul XVIIe siècle, on estime à 5, 5 millions le nombre d'Africains envoyés comme esclaves dans les Amériques.

## Hors la loi

### *Moins il y a de loi, mieux on commerce*

Hobbes : « La liberté des sujets réside uniquement en ces choses que, dans le règlement de leurs actions, le souverain s'est abstenu de prendre en compte. Par exemple, de la liberté d'acheter et de vendre, ou de passer des contrats les uns avec les autres[86]. » C'est dans les zones de non-droit que prospère le mieux le commerce.

### *Le libéralisme ennemi de toutes les lois*

« Eugénie. – Il me paraît que, d'après tout ce que vous me dites, Dolmancé, rien n'est aussi indifférent sur la terre que d'y commettre le bien ou le mal, nos goûts, notre tempérament doivent seuls être respectés.

« Dolmancé. – Ah ! N'en doutez pas, Eugénie, ces mots de vice et de vertu ne nous donnent que des idées purement locales [...] De ces différences géographiques naît le peu de cas que nous devons faire de l'estime ou du mépris des hommes, sentiments ridicules et frivoles, au-dessus desquels nous

86. *Léviathan*, *op. cit.*

devons nous mettre, au point même de préférer sans crainte leur mépris, pour peu que les actions qui nous le méritent soient de quelque volupté pour nous.

« EUGÉNIE. – Mais il me semble pourtant qu'il doit y avoir des actions assez dangereuses, assez mauvaises en elles-mêmes, pour avoir été généralement considérées comme criminelles, et punies comme telles d'un bout de l'univers à l'autre ?

« MME DE SAINT-ANGE. – Aucune, mon amour, aucune, pas même le vol ni l'inceste, pas même le meurtre ni le parricide[87]. »

Mettons les propos de Dolmancé, personnage du marquis de Sade, dans la bouche d'un dirigeant de multinationale, et voyons comment ils fonctionnent…

Une fois posé le primat de l'intérêt égoïste et le Marché comme nature, une fois la loi réduite à être la protectrice de la propriété privée, le reste en découle. Programme néolibéral : il est interdit d'interdire ! Tel est le fondement de sa « loi naturelle ».

## *La sape*

Lent travail libéral de désagrégation de toutes les lois. Aux États-Unis, certains think-tanks sont partis en guerre contre l'interdit de l'inceste. Rien de plus « naturel » que l'inclination sensuelle et réciproque entre enfants et parents. Appliquant à la lettre la démarche libérale, ils estiment que les lois qui s'opposent aux tendances spontanées de la nature sont iniques, et font d'un acte dans son fond innocent une monstruosité. En avant pour l'ultralibéralisme sexuel !

87. Donatien Alphonse François de Sade, *La Philosophie dans le boudoir*, *op. cit.*

## *Programme sadien*

Remplacez la volupté sexuelle par le besoin tel que le conçoit l'utilitarisme, et le discours sadien ne fait que pousser à ses limites le discours libéral : « Fous, en un mot, fous ; c'est pour cela que tu es mise au monde, dit Mme de Saint-Ange à Eugénie. Tant que les lois seront telles qu'elles sont encore aujourd'hui, usons de quelques voiles ; l'opinion nous y contraint ; mais dédommageons-nous en silence de cette chasteté cruelle que nous sommes obligées d'avoir en public. »

De même l'homme libéral doit-il s'accommoder de la démocratie tant qu'il ne peut faire autrement.

## *La morale quand même, ou la carpe et le lapin*

Certains libéraux n'osent pas aller au bout de leur logique. N'ayant pas le courage de leur perversion, ils s'arrêtent en chemin, ils ne peuvent renoncer à la loi et à la morale. Et puisqu'ils ne peuvent plus la fonder sur la volonté divine, ils inventent ce que Kant appellera une « religion naturelle », qu'il dira reposer sur la raison et la voix de la conscience. Hobbes avait déjà posé un droit naturel fondé sur le désir qu'aurait tout homme de conserver sa vie, et par extension ses propriétés. Au début, donc, serait (ce que les psychanalystes appellent) le *narcissisme primaire*, que l'on pourrait qualifier de dur désir de durer.

L'homme est par conséquent censé trouver naturellement sa morale dans la voix de la raison – comme le café trouva longtemps sa vertu, très nominalement, dans une hypothétique essence baptisée caféine. La transcendance divine a laissé la place à l'immanence de la nature : un mythe chasse l'autre, mais la morale reste ! La « nature raisonnable » décrite par Kant permet de poser un précepte antilibéral en son fond, quoi qu'en disent (sans rire !) les tenants d'une justice libérale : « Agis de telle sorte que tu traites l'humanité aussi bien dans ta personne que dans la personne de tout autre toujours en même temps comme une fin, et jamais simplement comme un moyen. » Précepte que les entreprises mettent en œuvre chaque jour que Dieu, pardon, que l'actionnaire fait !

Toujours sans rire, Pierre Manent qualifie Emmanuel Kant, « l'ami, le supérieur commun de tous ceux qui s'efforcent de penser[88] », de philosophe libéral…

## *Quand le droit naturel perd sa conscience*

Comment un libéral conséquent peut-il invoquer le droit naturel ?

Le droit naturel est un avatar de la divinité. Avec la redécouverte de la sagesse antique, l'Église est contrainte de lâcher du lest. La vérité n'est plus seulement dans le colloque extramondain avec Dieu, elle est aussi inscrite dans le monde qu'il a créé. La nature devient ainsi un autre livre de Dieu. La découvrir par la connaissance est une nouvelle façon de le célébrer et de le connaître. Et il est bon de s'appuyer sur la raison qu'il nous a donnée pour ce faire. Il apparaît même que l'on peut prouver l'existence de Dieu par la raison, et non plus seulement par la foi aveugle. Plus besoin d'être charbonnier.

88. Pierre Manent, *Les Libéraux*, *op. cit.*

Les libéraux du droit naturel poseront la nature comme un déjà-là transcendant, tout en mettant Dieu aux oubliettes. Ce qui ne l'empêchera pas de revenir par la fenêtre. De la nature ils diront (paraphrasant Yahvé) : elle est ce qu'elle est. Le fondement des fondements qui ne demande pas d'autre explication que d'être.

### *L'état de nature*

Les libéraux le disent : le droit naturel se fonde sur un état de nature que l'individu aurait connu, historiquement, avant de connaître une vie sociale et politique. C'est un postulat clé de l'individualisme, sans lequel on ne peut comprendre comment des hommes auraient pu s'associer, passer contrat pour fonder une société…

Poussait-il des cris, ou avait-il reçu de Dame Nature le don du langage ? Avait-il des outils, ou chassait-il avec ses doigts ? Cet Adam qui devait ressembler à un animal davantage qu'à un homme paraît être un mythe qui fleure bon le paradis chrétien. Il n'en est qu'une variante, que les romantiques du XIXe siècle cherchèrent à trouver sur terre, dans une Amérique déjà pillée et déjà disparue en leur temps. Chez Chateaubriand, la nostalgie, déjà.

### *De la transcendance à l'immanence, ou le retour du refoulé*

Finie l'hétéronomie ! Rien d'autre que moi ne peut déterminer ma conduite individuelle : ni dieu, ni père, ni société, ni État, aucun principe transcendant. Au sens strict du terme : vive l'anarchie[89] ! Le besoin individuel prime le droit défini et soutenu par une entité extérieure à moi (politique et symbolique). C'est donc la guerre de tous contre tous.

La solution de Hobbes : la paix est imposée par un État despote qui fait de sa volonté la loi, et les individus consentent à lui obéir pour survivre. Plus qu'un idéal annoncé, on peut voir là un exposé des faits visant à dénoncer la « Matière, forme et puissance de l'État chrétien[90] » de son temps. La description reste valide, à cette différence près que le pouvoir a glissé du politique au financier et qu'il s'est crypté en devenant diffus.

La solution néolibérale réintroduit une transcendance symbolique, celle d'une harmonie naturelle et spontanée. Aucune démarche rationnelle ne suffit à la fonder, il faut y croire. La concurrence à mort est bénéfique pour l'humanité, car le Marché reconnaîtra les siens : les plus profitables – à la collectivité, paraît-il. On ne peut progresser sans casser quelques œufs ! Darwin l'a dit pour les espèces, ce serait également vrai pour les sociétés.

Une autre solution consiste à réintroduire une transcendance religieuse[91] sous le couvert de Dame Nature. C'est celle des libéraux classiques adeptes d'un compromis entre leur inspiration profonde, l'utilitarisme, et la justice ; entre les idéaux contradictoires de la liberté individuelle et de l'égalité.

---

89. Mais l'anarchisme, c'est autre chose…

90. C'est le sous-titre de son *Léviathan*, *op. cit.*

91. Religion : être lié à nouveau, avoir perdu le manque, avoir retrouvé l'union originelle et sacrée du placenta, avant la castration de la naissance conduisant à la mort (finies la perte de l'Éden, la chute depuis le ventre maternel sur la terre dure et aride).

Pour eux, on trouverait au cœur de l'homme une loi morale naturelle (digne héritière de la loi divine). Il existerait une justice fondamentale, un droit naturel antérieur et supérieur aux lois énoncées par la société et soutenues par l'État. Ainsi les droits de l'homme sont-ils dans la position d'un décalogue profane, c'est-à-dire d'une loi révélée par une instance supérieure qui donnerait un cadre aux lois civiles. Ce sont « les droits naturels, inaliénables et sacrés de l'homme » de la Déclaration des droits de l'homme et du citoyen du 26 août 1789. Naturels et sacrés : l'alliance de ces deux mots résulte d'une longue histoire dont la source est à chercher dans l'organisation religieuse du monde. Il y eut la transcendance de Dieu tant qu'on s'adressa au ciel. Il y eut l'immanence de Dieu dans la nature, dont la science débutante faisait l'éloge en déployant ses découvertes. Puis resta la nature seule, désormais inhabitée, privée de sens, mais néanmoins encore un avatar de Dieu : en elle on croyait encore, comme on avait cru en un dieu; elle nous portait comme il nous avait portés. Pour Thomas d'Aquin, le droit naturel est une loi éternelle non écrite, plus haute que la loi humaine parce que d'origine divine; pour les révolutionnaires de 1789, les droits de l'homme tiennent à sa propre nature, et ont de ce fait un caractère sacré, indépendant de l'Histoire.

Aujourd'hui que l'essence de l'homme ne se définit plus par sa nature mais par l'histoire qu'il construit librement, le postulat d'un droit naturel est difficile à soutenir. On en trouve pourtant encore des traces dans la Déclaration universelle des droits de l'homme de l'ONU (10 décembre 1948), qui considère que « les peuples des Nations unies ont proclamé à nouveau leur *foi* dans les droits fondamentaux de l'homme». Affaire de croyance, donc – qui ne fait peut-être que témoigner de la faiblesse de cette organisation.

Sans doute les récents mouvements qui se réclament des droits de l'homme ont-ils hérité de cette Histoire. Ces droits se présentent en effet comme un absolu devenu, selon le mot de Marcel Gauchet, «la norme organisatrice de la conscience collective et l'étalon de l'action publique[92]». On peut en effet se demander avec cet auteur si les droits de l'homme n'ont pas rempli le vide laissé par l'État et la société civile. Les États occidentaux ont su créer, après 1945, des communautés intégrées et cohérentes. Mais s'ils ont été de bons gestionnaires, ils ont perdu de leur substance symbolique en se pliant aux desiderata des pouvoirs financiers. La république ne dessine plus un avenir à ses citoyens, elle n'est plus le garant crédible d'une justice sociale. De même, le néo-libéralisme, en abandonnant l'idéal de la recherche du bien commun affiché par le libéralisme classique, livre la société civile à un utilitarisme individualiste sauvage dépouillé de ses justifications. L'idéologie des droits de l'homme vient remplir ce vide. Idéologie, dans la mesure où elle est un discours qui remplace le discours religieux et fonctionne comme lui, la dimension eschatologique en moins : elle se présente comme un discours mêlant indissolublement vérité et normativité ; elle surplombe l'Histoire. N'existent plus que le scandale de l'écart existant entre ce qui est et ce qui devrait être, et la plainte adressée à l'État supposé capable de faire justice – un État

92. Marcel Gauchet, *La Démocratie contre elle-même*, *op. cit.*

bonne mère, la *Big Mother* décrite par Michel Schneider[93]; souvenons-nous que, au fronton du palais de justice, c'est une mère qui tient la balance.

Si l'on peut s'interroger sur la validité politique à long terme d'une telle stratégie[94], il est possible d'y voir le symptôme de la situation actuelle. La nécessité se fait sentir d'un idéal au niveau culturel de la névrose collective, et notamment d'un idéal de justice. Mais celui-ci tourne à vide quand il se trouve découplé, au niveau historique, d'une incarnation politique et sociale.

## *Le droit selon l'utilitarisme*

Randall Holcombe[95] (anarcho-capitaliste et néanmoins professeur d'économie à la Florida State University) extrait le droit des attaches religieuses dont les libéraux classiques ont peiné à se défaire : pour lui, il n'a rien à voir avec la morale ni avec les lois, encore moins avec un droit naturel tombé directement du ciel sur terre – fût-ce sous la forme des imprescriptibles droits de l'homme. Un droit n'existe, soutient-il, que s'il satisfait l'intérêt de toutes les parties.

Partons de la fable de Hobbes sur l'état de nature, où chacun est un loup pour son prochain. Dans cet état de guerre permanente, il ne sert à rien de produire : la récolte conservée, le bien accumulé sont automatiquement l'objet d'une razzia, et personne

93. *Big Mother*, *op. cit.*

94. Ce qui n'exclut pas son efficacité ponctuelle.

95. Notamment auteur de *The Economic Foundations of Government*, New York University Press, 1994.

n'est assuré, fût-il le plus fort à un moment donné, d'être épargné. C'est pourquoi, dit Holcombe, même les plus puissants ne trouvent pas à se satisfaire d'une telle situation. Ils ont intérêt à accorder des droits aux plus faibles. Et ceux-ci s'en trouveront mieux – si tant est que le plaisir consiste en une diminution de la douleur.

Sans doute Holcombe s'inspire-t-il du système de la Mafia. Ou, plus doctement, a-t-il étudié les civilisations du rezzou qui régnaient dans les déserts d'Afrique et d'Orient, il n'y a pas si longtemps ? Produire ou voler, voilà la question. On peut choisir d'attaquer une banque ou de piller un village ; c'est un métier glorieux, mais pénible et risqué, car la victime peut se défendre. Mieux vaut proposer un accord : on s'engage à laisser en paix l'éventuelle victime en échange d'un tribut (rançon ou impôt). Par ce contrat est établi un droit des échanges où chacun trouve à satisfaire son intérêt : par un bien facilement acquis pour le voleur potentiel, par l'achat de sa sécurité pour la victime épargnée. Il sera stable et facteur de progrès, puisque le plus fort a intérêt à ce que le plus faible soit prospère.

Un détail : celui qui n'a rien à échanger que sa vie ne peut attendre aucun droit, puisqu'il n'a rien à négocier – sauf à devenir esclave ou « travailleur libre ».

## *Pas de contrat de gré à gré*

Pour les libéraux classiques, des individus parfaitement égaux passent entre eux librement des contrats. Le Marché ne serait rien d'autre que ces myriades de relations contractuelles, dont il faudrait protéger l'autonomie.

On passera sur la malhonnêteté intellectuelle qui consiste à supposer deux partenaires égaux non seulement en droit, mais également en réalité.

On insistera plutôt sur un thème récurrent : le refus du tiers. Le tiers qui apparaît dans la relation mère/enfant ; le tiers qui dit le droit et exerce la justice.

Au temps où les contrats étaient oraux, ils requéraient la présence d'un témoin. Aujourd'hui, le fait de consigner le contrat dans un écrit remplit ce rôle. Car le contrat est toujours un serment, c'est-à-dire, selon *Le Robert*, une « affirmation ou promesse solennelle faite en invoquant un être ou un objet sacré (qui sert de garantie et sur lequel le jureur transfère sa responsabilité) ».

Le contrat n'existe que dans le cadre d'un « droit des contrats » défini par la société. Durkheim : « Partout où le contrat existe, il est soumis à une réglementation qui est l'œuvre de la société et non celle des particuliers[96]. »

## *Gagnant-gagnant*

Quand un individu libre et égal, mais disposant d'un revolver, dit à un autre individu aussi libre et égal que lui : « La bourse ou la vie », ils passent alors un contrat gagnant-gagnant : le premier gagne la bourse, et le second la vie. Cet accord améliore la situation des deux parties.

---

96. Émile Durkheim, *De la division du travail social*, PUF, 1998.

Pardon ! s'indigne vertueusement le libéral bon teint, tout contrat se passe dans le cadre d'un droit préalablement défini ! D'où la fiction nécessaire d'un droit naturel préexistant à toute négociation – par exemple le droit naturel de la propriété. D'où le recours, également, à un droit civil.

Comme le droit civil ne préexiste pas à l'ordre du monde social, il faut, selon l'idéologie libérale, pour assurer la validité du contrat le définir dans une négociation entre des individus libres et égaux – égaux selon le droit qui est justement à définir... C'est pourquoi (mais on ne doit pas le dire) nous nous trouvons renvoyés à la situation où le plus fort impose « son » droit au plus faible. « Le » droit ainsi arrêté s'impose à tous, et le faible qui transgresse devient un hors-la-loi que la police d'État réprime justement.

Sortons de ce tour de passe-passe typiquement pervers : dans un contrat, les deux parties acceptent de reconnaître, donc de figer pour un temps, l'état actuel de leur rapport de force, et d'en tirer les conséquences – au bénéfice du gagnant comme de sa victime. Tout contrat est donc par définition destiné à être dénoncé... La démocratie permettrait ce jeu ; elle donnerait du jeu aux rapports de force.

### *Privatisation de la justice*

Jean-Claude Saint-Onge : « Au Texas, il est possible d'acheter un procès privé. Le citoyen canadien Stanley Faulder a été exécuté en 1999 pour le meurtre d'une richissime Texane. N'étant pas satisfaite du procès public qui innocentait Faulder, la famille a commandé un procès privé à l'issue duquel il fut condamné à mort[97]. »

### *De l'usage libéral des lois*

Voilà quel est le rapport des États-Unis, champions du libéralisme, aux lois internationales.

Refus d'être liés par les décisions de la Cour pénale internationale prévue par l'accord de Rome de 1998 : les soldats états-uniens peuvent commettre n'importe quel crime de guerre en toute impunité ! Refus de se soumettre aux contrôles en matière chimique et biologique instaurés par le protocole de l'ONU de 1995, dans le cadre de la convention de 1971. Utilisation unilatérale de la force guerrière, au mépris du Conseil de sécurité de l'ONU : à Grenade (1983), au Nicaragua (1979-1989), au Panama (1989), en Somalie (1992) – et en Irak en 2003.

Le protocole de Kyoto, qui prévoit la limitation des gaz à effet de serre, n'a pas été ratifié par le Congrès des États-Unis. Les règles de l'OMC ne sont pas respectées quand elles dérangent. Exemple : les États-Unis augmentent leurs tarifs douaniers pour protéger leurs aciéries. Ils n'ont pas ratifié certains textes de l'ONU, comme la convention sur les droits de l'enfant (1989), l'accord sur les droits économiques, sociaux et culturels (1966), la convention sur l'élimination de toutes les formes de discrimination contre les femmes (1979) ou l'accord visant à interdire l'exécution des mineurs (1989).

---

97. Jean-Claude Saint-Onge, *L'Imposture néolibérale : marché, liberté et justice sociale*, Écosociété, 2001.

Moralité perverse : utiliser les lois quand elles permettent d'imposer sa volonté, s'y soustraire quand elles sont une gêne.

## *Pourquoi et comment installer le libre-échange (ou la démocratie)*

1. Acquérir la prédominance en matière de production par une politique rigoureusement protectionniste.

2. Une fois votre suprématie instaurée, imposer le libre-échange : vous voilà certain d'en tirer de gros bénéfices.

La Grande-Bretagne a pratiqué cette recette avec ses colonies au XIXe siècle, les États-Unis avec ses alliés au XXe.

Même tour en démocratie. Si vous avez tout mis en place pour gagner le pompon, soyez démocrate ! Vous n'en serez que plus légitime (motif de rage : il faut toujours compter avec les esclaves).

## *La mafia*

On éprouve au cinéma une grande tendresse pour les films mettant en scène parrains et chefs de gang. La société mafieuse est le paradigme des sociétés justement appelées anonymes. La mafia comme communauté d'intérêts personnels débarrassée de la mascarade démocratique ; la concurrence y fait rage, les plus forts gagnent.

Cette loi de la vie n'est pas sans grandeur. Le meurtre est un vrai rituel sacrificiel, une ordalie. Ceux qui tombent n'étaient plus aptes à mener les affaires. Comme les entreprises, l'organisation mafieuse pratique le darwinisme social.

### *Incertaines frontières*

L'internationalisation des entreprises rend leur pouvoir difficile à localiser. Grâce à la « virtualité » en « temps réel », on peut d'un seul clic faire traverser le monde à des sommes astronomiques. La justice ne peut pas suivre !

Selon Ludovic François, membre fondateur du Centre d'études sur le blanchiment et la corruption, les comportements déviants deviennent la norme, ainsi « les délocalisations, où l'exploitation de la main-d'œuvre dans le tiers-monde – y compris des enfants – existe ; les pollutions avec l'émission de gaz à effet de serre, etc. Ou, pour reprendre le chemin de l'ingénierie financière, que dire des "commissions à un agent public étranger" ? Un euphémisme pour désigner, en réalité, les pots-de-vin versés pour décrocher un marché. De la corruption, en somme. Les grands groupes utilisent alors les circuits opaques pour déconnecter l'origine (légale) des fonds de leur destination finale : la poche d'un intermédiaire[98] ».

### *Négociations secrètes à l'OMC, ou l'art subtil de détourner la loi par la loi*

Les documents relatifs à ces négociations peuvent, en droit, être consultés au siège du minis-

98. Ludovic François, Pascal Chaigneau et Marc Chesney, *Criminalité financière*, Éditions d'Organisation, 2003.

tère des Finances : l'électeur trop inquisiteur n'est pas éconduit (transparence oblige !) ; il peut disposer d'un bureau, mais pas d'une photocopieuse ! N'importe quel citoyen, pour peu qu'il soit pugnace, a donc la possibilité de lire et d'apprendre par cœur les textes préparatoires aux décisions de l'OMC – rédigés dans un sabir technique défiant toute velléité mnémotechnique !

Ainsi va le train des négociations de l'OMC. Les enjeux sont suffisamment importants pour que les citoyens et leurs représentants soient en droit de contrôler ce que leurs élus vont signer. Les voici en quelques mots.

• Marchandisation des produits agricoles sans considération pour l'environnement, la diversité ou la sécurité alimentaire.

• Libéralisation totale de l'exploitation forestière et de la pêche, sans souci de la biodiversité ni du risque d'épuisement des ressources.

• Renforcement de la propriété intellectuelle visant à permettre le brevetage du vivant, c'est-à-dire la privatisation par une poignée de multinationales du patrimoine génétique planétaire.

• Privatisation des secteurs de la santé et de l'éducation et ouverture des marchés publics à la concurrence étrangère, c'est-à-dire destruction du service public et de la protection sociale.

• Interdiction de prendre en compte les conditions de la production (travail des enfants ou pollution) dans la politique douanière.

• Levée du contrôle des États sur les OPA et les fusions afin de supprimer les dernières limitations pesant sur les profits.

Ce que les États négocient là, ce sont des lois irréversibles visant à créer un pouvoir supranational indépendant, soustrait à tout contrôle citoyen, dont l'objectif final est d'asservir l'ensemble des activités humaines aux lois du Marché et de faire sanctionner tout contrevenant par l'Organe de règlement des différends (ORD)[99].

L'anal-libéralisme, ici dans sa version néo, pure et dure, ne s'écarte pas de son programme (lecteur, pardonne-moi, il est hélas monotone) : mépris des lois concrétisé par leur utilisation perverse; refus de l'autorité de l'État; utilitarisme individualiste, c'est-à-dire recherche du profit financier d'une ploutocratie impliquant l'ignorance de l'autre; volonté de toute-puissance payant son tribut à la réalité en adoptant la stratégie de l'occultation par le mensonge.

99. Ainsi l'ORD a-t-il condamné la France à des sanctions économiques pour avoir refusé d'importer du bœuf aux hormones.

## L'ÉTAT PERTURBATEUR

### *L'État comme père social*

L'État s'est constitué progressivement à partir de l'organisation féodale et conserve certaines de ses qualités. Le roi, représentant de Dieu sur terre, était le père symbolique de son peuple. Ce rôle de père social a ensuite été dévolu à l'État. À ce titre, celui-ci énonce et fait respecter la loi. Il est donc naturellement amené à arbitrer les conflits d'intérêts. Il est encore (bien que de moins en moins) le garant de la justice et le soutien des idéaux.

Tout ce que ne supporte pas le caractère anal.

### *L'État minimal*

Pour Locke, la raison d'être de l'État est de « faire des lois afin de réglementer et de protéger la propriété [100] ». Il souhaite un État tout petit pour que l'individu soit grand. Un État veilleur de nuit.

Adam Smith, de son côté, lui assigne le rôle de gardien de la liberté d'échanger. L'État doit donc se contenter des trois fonctions suivantes : protéger la

100. John Locke, *Traité du gouvernement civil*, Garnier-Flammarion, 1992.

propriété ; faciliter le commerce en payant les infrastructures financées grâce à l'impôt citoyen (comme les routes et les ponts) ; défendre la population contre les agressions étrangères.

## *L'ennemi, c'est l'État fort*

Selon la BRI (Banque des règlements internationaux), les zinzins[101] (fonds de pension, compagnies d'assurances, sociétés d'investissement et banques internationales) géraient en 1995 plus de 21 000 milliards de dollars. Si ce chiffre ne dit rien à la ménagère, on peut lui proposer une comparaison : il est supérieur au PIB cumulé de tous les pays industriels[102] ! Le mouvement des marchandises, comme celui des capitaux, échappe donc à la logique d'État ; l'État ne peut plus maîtriser les facteurs d'instabilité ainsi engendrés.

## *L'État comme renoncement*

En république, l'État incarne les valeurs de la démocratie. Il promeut et défend la liberté, l'égalité et la fraternité.

Pour les libéraux, l'État est celui à qui, dans une logique d'utilité, on a abandonné certains de ses propres droits. Hobbes : « Aussi longtemps que tout un chacun a ce droit de faire tout ce qui lui plaît, tous les hommes sont dans l'état de guerre. » Voilà pourquoi il est d'un bon calcul de « se défaire de la

---

101. Les investisseurs institutionnels.
102. Selon René Passet, *L'Illusion néolibérale*, Fayard, 2000.

liberté que l'on a d'empêcher un autre de profiter du droit qui est le sien sur une même chose »[103]. Se défaire au bénéfice d'un pouvoir souverain.

## *Encore moins d'État*

Autour des années 1920 apparaissent le nazisme et le stalinisme. À Vienne, pendant qu'Adolf Hitler se voit refuser l'entrée de l'école des beaux-arts (dommage !), Friedrich Von Hayek use ses fonds de culotte dans une école secondaire. Quelques années plus tard, il élabore ses thèses néolibérales pour lutter contre tous les socialismes, qu'ils soient national, international ou seulement libéral-étatiste à la mode de Keynes. Ce dernier, qui présentait aux yeux de Von Hayek le triple défaut d'être homosexuel, esthète et « constructiviste », lui barra longtemps la route du succès, jusque dans les années 1970. Mais Von Hayek fit des émules et finit par influencer les États-Unis de Reagan ainsi que la Grande-Bretagne de Thatcher. Même les socio-démocrates européens, français compris, furent sensibles à ses thèses puisqu'ils diminuèrent les pouvoirs de l'État et privatisèrent.

Pour Milton Friedman, chaque intervention de l'État limite la liberté. Son seul rôle devrait être de faire respecter les règles du jeu du Marché, autrement dit de remplir la fonction de police privée du libéralisme. Les autres activités devraient être strictement privées : éducation, santé...

Pour Robert Nozik, l'État ne doit pas être interventionniste. La sécurité au travail ou le port obliga-

103. *Léviathan, op. cit.*

toire de la ceinture en voiture constituent d'inacceptables restrictions de la liberté individuelle ; de même que l'interdiction de vendre son corps ou ses organes, d'acheter des armes ou de consommer de la drogue, de baisser les salaires, de polluer… Par ailleurs, l'État ne doit en aucune façon redistribuer les richesses : il faut faire disparaître la sécurité sociale, l'assurance-chômage, l'impôt…

Pour Von Hayek, l'État-providence est un État despotique. Il fait des ressources nationales une propriété collective qu'il redistribue à n'importe qui. L'économiste y voit un pillage de la propriété privée. Il ne s'estime pas démocrate, car être démocrate, dit-il, consiste à gouverner selon un acte arbitraire de la majorité. Il préfère la « démarchie », c'est-à-dire le gouvernement du peuple selon la loi – entendons la loi naturelle de l'ordre spontané du Marché. Ce que l'on peut traduire ainsi : en démarchie, un euro vaut une voix, alors qu'en démocratie un homme vaut une voix.

## *Toujours moins d'État, ou de quelques dégâts collatéraux*

Certaines lois sont bonnes, qui protègent la propriété et favorisent son développement, d'autres sont scélérates, qui vont contre cette nature des choses. Il faut donc des lois pour protéger le cours naturel du Marché (on ne s'arrêtera pas à ce paradoxe, simple signe de la perversité du discours). Ce à quoi s'emploie l'OMC, notamment à travers l'AGCS (Accord général sur le commerce des services), signé à Marrakech en 1994, qui prévoit la marchandisation de l'ensemble des activités de service pour 2005. En effet, toute activité humaine peut être source, très analement, d'accumulation de profit.

Maintenant qu'il y a moins d'État et que les gouvernants se sont fait prendre (sans délices ?) dans les mailles du filet tendu par les décideurs de l'économie, il est temps que la puissance publique abandonne ses activités régaliennes. Fini, le socialisme rampant ! La santé est un moyen sûr d'accroître les gains, ainsi que les pompes funèbres : car les maladies ont en commun avec la mort d'être inévitables. De même, l'éducation est une nécessité, et il serait dommage de ne pas en profiter, tout comme des nombreuses activités gérées aujourd'hui par les ministères, les régions, les municipalités[104] : le recueil d'information, le traitement informatique, la fabrication de la monnaie, les prisons, l'eau, l'électricité, la poste, les transports ferroviaires, les routes nationales, départementales et vicinales, les ordures ménagères, etc. – le filon est énorme !

Voilà pourquoi, à partir de 2005, les États et autres décideurs politiques seront conduits à réglementer la non-réglementation en « mettant sur le marché », et de façon irréversible en pratique[105], leurs services publics[106].

Cette politique est mise en œuvre de façon non avouée depuis plus de dix ans par les gouvernements français de gauche comme de droite. C'est ce qu'on appelle, en langage pudique, le « désengagement de

104. En vertu d'accords non écrits comme de contrats écrits, précise l'AGCS. Tout est bon à prendre…

105. L'AGCS prévoit que tout État (ou toute autorité territoriale) souhaitant reprendre un service qui aurait été privatisé devra payer une compensation à *l'ensemble des pays membres de l'OMC* !

106. Sans doute la régionalisation y aidera-t-elle, en faisant passer la pilule plus en douceur…

l'État» prôné par l'Europe libérale. Car il faut amener les électeurs à négocier en douceur, d'ici à 2005, ce virage à cent quatre-vingts degrés. Ils doivent apprendre à mépriser les bureaucrates et autres fonctionnaires (tous des nantis). Déjà, l'effet se fait sentir dans le domaine de l'éducation. À la suite d'une paupérisation des écoles, les parents commencent à faire «le bon choix» : ils se tournent vers l'enseignement privé. De même dans le domaine de la santé, sinistré depuis plus de dix ans, et survivant grâce à l'«admirable dévouement» des soignants qui ne peuvent faire autrement, les malheureux, que de ne pas laisser mourir les malades auxquels ils font face. Cela fait dix ans qu'infirmières et médecins tirent la sonnette d'alarme. Quand survient la canicule d'août 2003, ils n'y peuvent mais : voilà que nos anciens décanillent… Hélas, déclare notre bon ministre Jean-François Mattei, on ne saurait lui reprocher de ne pas commander au ciel : il n'est pas responsable du temps qu'il fait. Quinze mille cadavres : le record des Twin Towers est très largement dépassé. Sans terroristes ?

## *La loi contre le pouvoir*

Pour le libéralisme, la liberté n'existerait qu'en l'absence de tout pouvoir d'État. L'un s'oppose à l'autre, comme le commerce au politique. L'antagonisme est total.

En démocratie, la liberté ne peut exister que dans un cadre défini par le pouvoir. C'est parce que je suis assujetti à une loi que je suis sujet, que j'ai une parole ; c'est dans la limite que je trouve une liberté.

## *L'individu contre l'État*

Où l'on voit que la logique des droits de l'homme peut se retourner contre le droit des hommes. Alain Madelin : « Je dis qu'il y a des libertés fondamentales qui sont supérieures à la volonté des États. Mes droits, ma liberté de produire, ma liberté d'acheter, ma liberté d'échanger, sont des droits fondamentaux[107]. »

## *Le libéralisme retrouvé*

Les libertariens, fine fleur du néolibéralisme, prônent un retour au vrai libéralisme, hélas dévoyé depuis le XIXe siècle, selon eux. Ils refusent le registre paternel, c'est-à-dire toute loi et toute institution qui viendraient structurer la liberté individuelle.

Ils s'opposent aux idéologies collectivistes, de gauche comme de droite, qui mettent l'accent sur le groupe et visent à enrégimenter les individus dans la poursuite de buts collectifs. Pour eux, le gouvernement de Bush comme celui de Chirac font partie de cette triste engeance : ils imposent leurs objectifs de façon bureaucratique et coercitive. Au spectre gauche/droite devrait s'en substituer un autre qui distinguerait les étatistes, de gauche ou de droite, et les partisans de la liberté individuelle. L'État devrait être réduit aux fonctions militaire, juridique et policière, sa mission étant de protéger la propriété privée et les droits individuels. Tout le reste devrait être privatisé. Le courant de l'« anarcho-capitalisme », qui se réclame du

107. *Le Monde*, 8 septembre 2003.

libertarianisme, vise même la disparition complète de l'État et la privatisation de toutes ses fonctions.

### *La libre entreprise, loi de l'État*

Jean-Claude Saint-Onge : « Le projet d'Accord [celui de l'ALENA] permet à l'entreprise privée de poursuivre les États pour dommages et intérêts quand une politique gouvernementale ou une action publique met leurs profits en danger. Parmi les actions susceptibles de nuire aux profits, il y a les mouvements de protestation, les boycottages, les grèves, les troubles civils et la révolution [108]. »

Une parfaite illustration du rôle de la loi et de l'État selon le néolibéralisme. Une parfaite réalisation de l'idéal anal : « L'État, c'est moi. »

### *Le cow-boy est plus fascinant que le bureaucrate*

Claudio Magris : « L'anti-État actuel des ultralibéraux exalte l'inégalité et refuse toute protection du faible dans la jungle ou le far-west de la vie, et c'est pour cela qu'ils refusent l'État et cherchent à affaiblir le contrôle de la loi et du droit [109]. »

### *Face ou pile ?*

Une centaine de grandes firmes internationales ont réalisé en 1999 un chiffre d'affaires de 2100 milliards

---

108. Jean-Claude Saint-Onge, *L'Imposture néolibérale*, *op. cit.*
109. *Utopie et désenchantement*, Gallimard, 2001.

de dollars, soit une fois et demie le PIB de la France[110]. Ces nouveaux maîtres du monde emploient 6 millions de personnes. Ils ne laissent plus de marge d'autonomie aux États.

Le chiffre d'affaires brut de la criminalité en 1995 atteignait 1 500 milliards de dollars. Autant d'argent à blanchir par les honnêtes firmes ? Question inconvenante ! Le traitement réservé à l'argent de la drogue nous donne une idée de la réponse : sur 400 milliards de dollars de chiffre d'affaires, 180 servent à rémunérer les professionnels du secteur et les avocats, conseillers juridiques, banquiers, relais politiques. Marge restante à blanchir : 220 milliards.

Jean de Maillard, magistrat : « La finance moderne et la criminalité organisée se renforcent mutuellement. Elles ont toutes les deux besoin, pour se développer, de l'abolition des réglementations et des contrôles étatiques[111]. »

## *Un intégrisme libéral*

Pour l'anarcho-capitalisme, l'État est superflu. Le Marché peut tout, l'État ne saurait être qu'un tyran. Il n'y a pas de loi morale, uniquement la loi « scientifique » de la concurrence. Les droits de l'homme sont absurdes, seul compte le droit naturel de la propriété. La liberté, c'est l'absence de contraintes qui permet à la concurrence de se développer libre-

110. Chiffres publiés par la CNUCED dans son rapport du 27 septembre 1999 et cités par René Passet dans *L'Illusion néolibérale*, *op. cit.*

111. Jean de Maillard et Pierre-Xavier Grézaud, *Un monde sans loi*, Stock, 1998.

ment : le harcèlement, le refus de soigner, l'imposition par les monopoles de leur volonté, le travail des enfants sont de bonne guerre. Si tous les jeunes acceptaient de travailler, il n'y aurait plus de délinquants ! Et ceux qui persisteraient dans la fainéantise auraient affaire à une police et une justice privées, c'est-à-dire véritablement populaires puisque rétribuées par les propriétaires. Quant à l'État, tout est permis contre lui puisqu'il est une vaste organisation criminelle. Lui mentir, le voler sont des actes moraux. Tout est permis contre les ennemis de la propriété privée. Quand il n'y aura plus d'État, la paix régnera sur terre.

Ces thèses radicales développées par Murray Rothbard[112], professeur d'économie dans plusieurs universités américaines, ont le mérite de pousser la logique libérale à son extrême et d'en dévoiler le noyau dur. On y retrouve les ingrédients sadiques-anaux que l'on connaît bien : absence de morale, refus de tout pouvoir venant poser une limite, logique narcissique qui fait de l'autre un ennemi, établissement de la guerre permanente sous forme de concurrence, exaltation de la loi du plus fort.

Bien sûr, l'ensemble est présenté sous un jour « scientifique » : le droit de propriété est un droit fondé sur la nature des choses. Il est aussi évident dans le monde humain que la loi de la gravitation universelle dans le monde physique. Ainsi le registre du savoir rationnel vient-il remplacer le registre des valeurs, et la loi « scientifique » rend-elle inutile l'hypothèse d'un sujet décidant de ses actes et inven-

112. *L'Éthique de la liberté*, Les Belles Lettres, 1991.

tant son avenir. Il lui suffit de se conformer à l'harmonie universelle et naturelle du Marché.

## *Thatcher disciple de Von Hayek*

Margaret Thatcher confie dans *Les Chemins du pouvoir* : « Ce ne fut qu'au milieu des années 1970, quand les œuvres de Hayek figurèrent en haut de la liste des lectures que me donna Keith Joseph [son conseiller économique], que je saisis réellement les idées qu'il avançait. C'est alors seulement que je considérai ses arguments du point de vue du type d'État cher aux conservateurs (un gouvernement limité, sous le règne de la loi) plutôt que du point de vue du type d'État à éviter (un État socialiste où les bureaucrates gouvernent sans frein). À ce stade, c'étaient les critiques, selon moi irréfutables, du socialisme contenues dans *La Route de la servitude* qui avaient un impact[113]. »

## *La démarchie plutôt que la démocratie*

L'État ne doit pas représenter la volonté générale, comme le souhaitaient Rousseau et les révolutionnaires français. Une vraie démocratie doit laisser le champ libre aux vrais individus, aux hommes libres. Il faut refuser « la croyance suivant laquelle nous devrions considérer comme vraie l'opinion de la majorité, et qu'elle devrait nous lier pour l'avenir. Alors que la démocratie est fondée sur la convention

113. Margaret Thatcher, *Les Chemins du pouvoir : Mémoires*, Albin Michel, 1995.

que l'opinion de la majorité décide de l'action commune, cela ne signifie pas que l'opinion majoritaire devrait devenir l'opinion générale. Même si c'était nécessaire pour atteindre les buts de la majorité. Au contraire, la légitimité de la démocratie repose entièrement sur la possibilité pour l'opinion d'une petite minorité de devenir l'opinion majoritaire[114] ». Voilà pourquoi, à la démocratie, Von Hayek préfère ce qu'il appelle la « démarchie ».

Dans *La Ferme des animaux*[115], Snowball et Napoléon, les cochons qui dirigent le nouveau régime[116], ont affiché un règlement. Le temps passe, ils prospèrent pendant que les moutons, les vaches, les chevaux et la volaille travaillent durement. Bien que la pluie ait effacé les commandements, l'âne arrive encore à déchiffrer : « Tous les animaux sont égaux… », lit-il. Cependant des mots dont il ne se souvient pas ont été ajoutés par une main anonyme : « … mais il y en a qui le sont plus que d'autres. »

## *1984*

La date, titre du roman prophétique de George Orwell[117], n'était pas mal choisie ! De nombreux observateurs s'entendent pour situer dans les années 1970-1980 le moment où survint un virement de bord. Marcel Gauchet parle de la fin de la religion comme force sociale, d'autres de l'avènement du néolibéralisme avec Thatcher et Reagan.

---

114. Friedrich Von Hayek, *Droit, législation et liberté*, PUF, 1995.
115. George Orwell, *La Ferme des animaux*, Gallimard, 1983.
116. Régime socialiste, mais aussi démocratique.
117. Gallimard, 1950.

### *Deux marionnettes*

Le pouvoir libéral est partout et nulle part. Il opère à partir d'un réseau aux mailles innombrables. Il réside moins dans le fantasme technico-futuriste des tuyaux du Web que dans le jeu du furet auquel se livre le capital dans les entreprises : participations croisées, masquées, à double ou triple fond... Ex-territorialisation, ex-propriation, puisqu'il devient impossible de savoir quoi appartient à qui. N'étant plus identifiable, le pouvoir empêche quiconque d'avoir identité. Il est crypté, il ne se pavane plus dans une forteresse que l'on pourrait attaquer. Il nous échappe, tout en installant un rideau de fumée pour dériver nos pulsions. Prenant soin de nous laisser la scène politique pour nous ébattre. Et, pour que le spectacle ne lasse pas son public, on y joue deux pièces en alternance.

À ma droite les méchants réactionnaires, prétendus Pères Fouettards d'une loi rigide, paternalistes et traditionalistes (complices du libéralisme, ils en touchent les dividendes mais ils n'en sont pas le moteur : on l'a vu, le libéralisme vise l'impuissance de l'État et l'absence, ou l'inefficacité, de toute loi ne favorisant pas la propriété). Si l'État est le champion des lois, ce n'est qu'en interdisant d'interdire le libéralisme. En s'attaquant à la droite politique, on ne vise qu'un paravent.

À ma gauche, les humanistes socialistes qui, en bons travailleurs sociaux, réparent les dégâts les plus criants causés par le libéralisme, lui permettant ainsi d'être plus facilement toléré sans attenter à son principe. Ils pratiquent l'abus de confiance.

## *Pour être un dieu*

Dieu est celui dont on ne doit pas prononcer le nom, c'est l'invisible par qui tout arrive. Ceux qui tiennent le manche de la mondialisation l'ont compris. Pour être total, le pouvoir ne doit pas être identifiable autrement que par ses effets. Il ne doit pas s'incarner dans une personne, physique ou morale, mais fonctionner en réseau – comme au bon temps où il n'y avait pas d'État.

## *Droits de l'homme et bienfaisance*

Pour les libéraux classiques, l'État est autorisé à utiliser la force afin de faire respecter les droits naturels fondamentaux : vie, liberté, propriété. C'est le « devoir de justice » qu'il lui faut remplir. Mais il ne doit jamais contraindre à la bienfaisance.

Pour les néolibéraux, l'éducation, l'aide aux démunis, la construction des routes font partie de la bienfaisance, de même que les droits complémentaires qui ont été reconnus comme naturels au XX^e^ siècle : droit au travail, droit à une rémunération décente, droit à la santé, droit des familles à revenus modestes à vivre dans le centre des villes, droit à un environnement non pollué.

L'État doit se limiter à son devoir de justice en interdisant le meurtre, l'entrave à la liberté d'entreprendre et l'atteinte à la propriété. Le reste doit rester du domaine de l'initiative privée. L'OMC y travaille.

## *Pourquoi le libéralisme ne peut être démocratique*

Le bouffon, même quand il n'est pas celui du roi mais du financier, dit souvent tout haut ce que personne n'ose penser faire tout en le faisant. Il joue un rôle de révélateur.

Imaginez, dit Hans-Hermann Hoppe[118], un gouvernement mondial démocratiquement élu en suivant le principe « un homme, une voix ». Nous serions alors sous la botte d'une coalition sino-indienne qui dépouillerait l'Occident de ses richesses. Imaginez, répète-t-il, histoire d'enfoncer le clou, que l'on abaisse l'âge du vote à sept ans. Le gouvernement devrait légiférer pour prendre en compte le « souci légitime » des enfants de disposer d'un accès « suffisant », voire « égal », à des hamburgers, des limonades et des vidéocassettes « gratuits ». Tel est le processus dans lequel, selon lui, nous sommes engagés depuis le milieu du XIXe siècle.

Pour Hoppe, la démocratie souffre d'une tare majeure : elle est en son principe collectiviste. Se souciant du bien commun, elle présente une tendance permanente à la redistribution du revenu et des biens. La démocratie, écrit-il, « implique que toute personne et sa propriété personnelle soient mises à la portée de tous les autres, et ouvertes à leur pillage ». Ou encore : « Dans les démocraties, on peut s'attendre à ce que les majorités (ceux qui "n'ont pas") tentent sans relâche de se remplir les poches

118. *Contre le centralisme. Coopération économique oui, intégration politique non*, traduction par François Guillaumat, consultable à l'adresse Internet suivante : www.liberalia.com/esperer.htm.

aux dépens des minorités (ceux qui “ont”).» Autrement dit, la ploutocratie qui est au principe du libéralisme ne peut s'accommoder de la démocratie.

La démocratie est d'autant plus révoltante qu'elle fait souffrir la mégalomanie libérale. Car les riches ne sont pas riches par hasard : ils «sont en règle générale intelligents et industrieux, alors que les pauvres sont typiquement stupides ou paresseux, ou les deux à la fois» (en toutes lettres dans le texte).

Ce n'est pas la *démocratie* qui est la véritable source de la civilisation et de la prospérité humaines, mais la *propriété* privée, la *production* et l'*échange* volontaire. Il faut donc instaurer une société de propriété privée stricte et non entravée par un État démocratique : une «anarchie de propriété privée».

## *Pas dire, pas penser*

«Le marché anonyme qu'aucun verbe ne guide est devenu global. Règne la Bourse qui conduit sans jamais rien dire. Adam Smith appréciait la cosmologie de Newton, où une main invisible guide les planètes sans qu'elles s'en rendent compte. Si l'on pouvait guider les hommes comme les planètes, sans qu'ils s'en rendent compte ! Avec la main invisible, plus personne n'obéit à personne, donc tout le monde est libre (bien que guidé). Plus de parole. Pas d'ordre à donner. Plus d'ordre à entendre d'un maître[119].» Condamnation au silence, puisqu'on ne

119. Jan Marejko, «Du sens, il n'est pas possible de faire l'économie», *Revue du MAUSS*, n° 18, 2001.

peut contester une main invisible. Inutile de penser, car il n'y a pas d'interlocuteur à qui parler, personne à convaincre. Pas de réalité du pouvoir, seulement une absence sur quoi projeter n'importe quoi. Pas de sens à chercher. Dans cette machinerie du virtuel, toute pensée devient délire. Penser qu'une ploutocratie discrète tiendrait les rênes, c'est succomber à la théorie du complot, pure paranoïa. Il n'y a pas d'organisation capitaliste et financière du mal, seulement des initiatives individuelles et aléatoires. Aucun cerveau ne guide la main invisible, elle est détachée de tout corps... Car le corps social est morcelé, comme les vivants aux débuts de la création grecque : les Immortels, habitants de l'Olympe, ne créèrent pas des vivants mais des parties – œil, tête, aile, sabot... –, organes qui finirent par se rassembler selon les lois de l'affinité, le sec s'alliant au sec, l'humide à l'humide, non sans quelques essais et erreurs (que l'on songe au Minotaure). Ne peut-on voir dans cette image psychotique d'un corps morcelé une allégorie du Marché ?

Quand un Stanley Fischer passe du FMI à Citigroup (Citibank), où il occupe le poste de vice-président, est-ce une récompense, comme le croit Joseph E. Stiglitz [120], pour avoir amené le premier à enrichir le second ? Il faudrait être paranoïaque pour estimer que, en ruinant les pays en voie de développement sous prétexte de leur venir en aide, le FMI poursuit une politique ! Là encore, il ne s'agit que de main invisible et d'initiatives individuelles et aléatoires.

120. *La Grande Désillusion*, Fayard, 2002.

## *Le marché régulateur ?*

René Passet : « Il ne faut pas manquer de souffle pour évoquer la liberté du marché en renfort d'une politique d'absorptions et de fusions qui en détruit le principe même, au moment où quelques entreprises transnationales exercent sur l'économie mondiale une pression faisant ployer les marchés et les États. À tel point que, par exemple, cinq entreprises de biotechnologie contrôlent 95 % des brevets dans le monde [121]. »

## *Res publica*

Alain Caillé : « Le principe de l'économie de marché, pour parler comme Montesquieu, est l'intérêt (et secondairement la liberté). Le principe de l'économie publique est la contrainte (et secondairement l'égalité) [122]. »

D'un côté ce que l'on appelle pudiquement la société civile guidée par l'appât du gain (dirigée par les vrais hommes qui font tourner le monde parce qu'ils osent risquer : ceux qui entreprennent) et qui a besoin d'avoir les coudées franches pour monter ses coups comme elle l'entend.

De l'autre ce qui gêne cette société civile : le pouvoir d'État, censé représenter l'intérêt de tous, autrement dit la chose publique, qui pose d'insupportables limites.

---

121. *L'Illusion néolibérale*, *op. cit.*
122. *Anthropologie du don*, *op. cit.*

## *Stratégie du hors sujet*

Pas d'ennemi identifiable en capitalisme, pas de sujet contre lequel lutter. Le Marché tient à se présenter comme un corps sans tête.

Et pourtant, si l'on remonte de société en société, de part du capital en participation, si l'on prend la peine d'analyser l'écheveau des liens existant entre diverses sociétés bien sûr anonymes, on voit apparaître des personnes parfaitement responsables de leurs actes.

Exemple : la société Glencore, spécialisée dans la production et le courtage de métaux, est le premier actionnaire de Metaleurop, ce groupe qui, en janvier 2003, a plombé ses salariés après avoir beaucoup œuvré pour le saturnisme. La société Crown Resources, société de courtage en pétrole, est l'affréteur du *Prestige,* ce bateau poubelle qui commit quelques boulettes sur les côtes espagnoles et françaises en 2002 et 2003. Au sein de ces deux sociétés installées dans le canton suisse de Zoug, belle incarnation du programme libéral (liberté absolue protégée par le secret bancaire, impunité, fiscalité minime), on retrouve un même homme, le bien nommé Marc Rich. On sait que ce businessman spécialiste du commerce des matières premières fut recherché pendant dix-sept ans pour avoir constitué une épargne de 48 millions de dollars au détriment du fisc des États-Unis et qu'il fut gracié par Bill Clinton après que son ex-femme eut fait bénéficier le président de subsides conséquents.

## *Vide politique*

Les idéaux de la religion, de la république ou du socialisme légitimaient l'autorité et l'exercice d'un pouvoir visant le bien commun. La politique est aujourd'hui vide. Nos élus se présentent (libéralement) comme de simples gestionnaires de notre santé ; notre éducation, notre bien-être les intéressent[123]... C'est encore trop du point de vue libéral.

123. Ce qui ne les empêche pas, en coulisse, de démanteler les lois et règlements nationaux et internationaux défavorables aux pouvoirs financiers.

# 6

# Narcissisme et névrose individuelle d'adaptation au libéralisme

*Où l'on définit les traits psychologiques qui permettent de se trouver heureux parce qu'adapté au régime libéral. Comment les idéaux libéraux collectifs structurent la personnalité postmoderne, et quels symptômes pathologiques ils produisent.*

## *Le charme discret du sujet postmoderne*

La culture de l'individualisme compétitif ne concerne plus que nos élites, c'est-à-dire ceux qui peuvent encore croire que la guerre de tous contre tous est payante. Aujourd'hui que l'insécurité sociale et politique règne enfin, à la grande joie des prédateurs, les classes moyennes se trouvent réduites à gérer leur défaite probable, sinon avérée. Christopher Lasch[124]

124. *La Culture du narcissisme*, Climats, 2000.

estime que, avec la perte de foi dans l'avenir, la culture des ghettos gagne progressivement les classes moyennes : désespoir et cynisme, tout tenter pour « s'en sortir », reproduction sur un mode caricatural de l'aspect mafieux du libéralisme, culte des idoles…

La compétition s'accompagnait de la culpabilité du tueur. L'incertitude de l'existence contraint le peuple libéral à la stratégie de survie narcissique, source d'une anxiété permanente.

L'avenir est sans espoir, et le passé ridicule. Le progrès est général et abstrait, le devenir individuel concret est menacé de faillite. Les adultes ne peuvent plus se projeter dans les générations futures, ils ne peuvent œuvrer pour elles et n'ont plus rien à transmettre. Quant au passé, il est par définition moins heureux que le présent (progrès oblige !), il est ce dont il faut se libérer. Chercher à bâtir le présent en s'appuyant sur les expériences réussies du passé, sur la mémoire, c'est être rétrograde et passéiste.

Sans passé pour fonder une identité, sans avenir pour réparer ses manques, l'individu est condamné à un appauvrissement narcissique qu'il cherche à combler dans le seul temps qui lui reste : un présent dégagé de toute perspective – le plaisir dans l'instant.

« Libéré » de toute certitude, le sujet postmoderne n'est en mesure d'en assumer aucune. Il cherche en vain à trouver un sens à sa vie, et il est prêt pour cela à s'appuyer sur de nombreux experts à qui il demande ce qu'en même temps il refuse : une réponse entière et définitive que ceux-ci sont bien en peine de lui donner. Plutôt que de réfléchir aux valeurs sur lesquelles fonder sa vie et poser un acte instituant la réalité, le sujet postmoderne cherche dans des démarches de type thérapeutique à savoir qui il est.

Léger, détendu, agréable, tolérant, il ne se bat que pour obtenir une reconnaissance qu'il a le sentiment de ne jamais trouver pleinement. Il désavoue les idéologies fondées sur la rivalité et la hiérarchie, et prône des convictions humanistes, la coopération entre tous. En même temps, il ne se sent pas attaché par ses déclarations et ses engagements, il les oublie dès lors qu'il s'agit d'obtenir une satisfaction personnelle.

Pris dans une logique de l'instant, il n'est plus âpre au gain, comme l'étaient ses parents. Il ne se situe plus dans la durée, ce qui lui eût permis d'accumuler des biens. Il préfère une gratification immédiate, dont la consommation lui permet de calmer son inquiétude, de restaurer pour un temps son narcissisme défaillant.

## *Narcisse*

Pour Guy Rosolato, « le narcissisme est la fixation ou le retour à une étape charnière […]. À ce titre il se constitue comme un phénomène de frontière, étant à cheval ou simplement mitoyen avec le potentiel d'un en-deçà (la régression, la folie ou la mort) et un au-delà de progrès en puissance [125] ». L'auteur repère deux constituants de la structure narcissique et leurs prolongements.

Le premier tient au *retrait libidinal*. L'autre en tant qu'objet d'amour est désinvesti. Il est nié ou ignoré, parfois perçu comme dégoûtant. Il n'est plus

125. Guy Rosolato, « Le narcissisme », *Nouvelle Revue de psychanalyse*, n° 13, 1976.

reconnu que comme instrumentalité pour l'amour de soi.

Le second est l'*idéalisation de soi.* Le sujet narcissique jouit d'un *moi* grandiose qui lui garantit indépendance et autosuffisance. Le retrait du monde loin des autres peut être accompagné de sentiments d'exultation.

Ce *moi* idéal grandiose peut être *projeté* sur des figures lointaines et admirées. La star en est le prototype : le narcissique l'aime afin d'être comme elle, afin de bénéficier de ses qualités.

Par le mécanisme du *dédoublement*, le narcissique instaure des jeux d'amour entre son *moi* et son *moi idéal*. Dans le regard d'admiration d'un autre (qui devient son *moi* en miroir), il peut voir comme il est merveilleux. Il s'aime à travers l'autre, en jouant à représenter son idéal.

## *Miroir, mon beau miroir*

Être à soi-même sa propre origine, self-made (wo)man, n'avoir pas plus de maître que de dieu : n'en reconnaître ni à l'école ni à la maison. N'établir également personne comme maître de son désir. Tel est le credo libéral.

Autrefois, l'identité se fondait dans l'allégeance à un autre, figuré notamment par le père, représentant d'un idéal. C'est dans la référence stable, assurée, à cet idéal que le sujet acquérait une consistance qu'il conservait quels que fussent les aléas de la vie. On pouvait se trouver fier d'être ouvrier. Aujourd'hui le père ne représente plus grand-chose, il ne doit rien avoir « en plus » ; même l'antériorité dans l'ordre des générations ne le fonderait pas à transmettre quoi que ce soit, puisque le mythe du progrès renvoie le passé aux placards de la ringardise.

L'identité ne dépend plus d'un autre porteur d'un idéal, mais des autres, mes semblables, mes frères. C'est dans et par leur regard que j'existe. Ou que je n'existe pas. Tant que je m'y retrouve, tout baigne ! Il faut bien sûr faire de petits efforts : être toujours au top, assurer mon autopublicité, séduire, faire comprendre à l'entourage qu'avec moi il y a quelque chose à gagner, que je suis un objet susceptible de satisfaire mon semblable. Mais l'identité n'est jamais définitivement acquise, elle est toujours à refaire. Que je me dévalue à la suite d'un retour de situation (si fréquent en économie capitaliste), que je ne plaise plus, que mon propos ou mon comportement apparaissent hors norme (c'est dans l'obligatoire jeu en miroir de similitudes croisées, donc normées au plus petit commun dénominateur, que nous nous identifions les uns les autres), et mon reflet disparaît, me laissant sombrer dans un sentiment d'irréalité. Je tombe dans une zone de dépression.

## *Belle image sur vide profond*

L'insécurité au lieu de fondations : plus d'idéaux collectifs assurant la vérité et la justice, plus de support d'identification pour la construction d'un *moi* solide, incertitude de l'avenir social (en amour comme au travail), tels sont les ingrédients du sentiment postmoderne de ne pas exister... Tout compte fait, le mal des banlieues n'est qu'une cerise sur le plum-cake !

Les comportements narcissiques sont à comprendre comme une tentative de restaurer une identité qui fout le camp plutôt que comme une heureuse manifestation de soi. Un indice : là où il y a du narcissisme, il n'y a pas de plaisir, malgré les apparences.

## *Virtuelle jouissance*

Sur le marché du travail, humilité et performance. Quand l'ordre du mérite le permet, faire le maître à son niveau : imposer sa loi à plus bas que soi. Ce petit plaisir ne suffit pas à nourrir l'illusion : la survie n'est jamais définitivement acquise.

Rentré chez soi, être le héros de soi-même par le jeu des machines de la virtualité. Redevenu fœtus dans son cocon, pratiquer le nouveau cogito : « J'imagine, donc je suis[126]. » La vraie vie est dans le fantasme et ses jeux.

Tel est le clivage : au-dehors se plier aux tourments libéraux, au-dedans restaurer le narcissisme par des pratiques autistiques commercialement recommandées. La révolution en chambre génère un nouveau marché et régénère les énergies productives : « Jouissez dans le virtuel, nous nous occupons du réel. »

## *Du narcissisme en économie*

Aux États-Unis, en dix ans, la valeur boursière de Wall Street a augmenté de 500 % tandis que le produit national n'augmentait que de 42 %. Commentaire d'Henri Bourguinat : « Moins les ménages améri-

126. Luis de Miranda, *Ego trip : la société des artistes sans œuvre*, Max Milo Éditions, 2003.

cains ont épargné, plus ils sont devenus riches, sur le papier au moins[127]. » En lévitation sur la valorisation de leurs portefeuilles d'actions, ils sont comme le cycliste qui reste en équilibre tant qu'il pédale... La bulle spéculative ne peut se maintenir qu'en allant toujours de l'avant. Gare à la chute !

Logique narcissique du découplage entre ce qui apparaît, ce qui ne tient que par le regard des autres (c'est bien ainsi que s'assoient les valeurs boursières : par ce que l'on pense que pensent les autres acteurs financiers) et ma pauvreté réelle, que je suis le seul à connaître.

### *Je ne suis pas ce que je suis*

L'autre m'admire, dans le meilleur des cas. Il me prend pour ce que je ne suis pas. Je continue à lui servir de son plat, puisque ainsi il me fait exister socialement. Mais en secret je le méprise de se faire tromper par moi de cette façon. Et je lui en veux de se méprendre sur mon compte, en espérant pourtant qu'il ne découvrira jamais la ruine que je suis. Car en fait je suis vide et incertain.

Ce que je ne suis pas me fait exister, et ce que je suis n'est pas. Entre les deux, un gouffre dans lequel tomber, parfois.

### *Famille en miettes*

Avec l'individualisme, c'est l'identité des êtres qui change. Être un homme ou une femme, un enfant ou un adulte, un vivant promis à la mort prend un autre sens.

127. Henri Bourguinat, *Finance internationale*, PUF, 1999.

Cela passe déjà par ce que Louis Roussel a appelé la *désinstitutionnalisation de la famille*[128]. La famille devient une association privée constituée uniquement sur des bases affectives et passagères. Elle n'est plus un élément de l'ordre social. Ni une « tribu » dont la permanence permettrait de disposer d'un « port d'attache », source de sécurité, et d'être intégré dans un réseau de socialisation.

Surtout, comme l'écrit Marcel Gauchet, la famille « était l'un des derniers refuges de l'obligation symboliquement signifiée aux acteurs de sortir d'eux-mêmes et de leur petit monde pour aller vers l'autre et son monde, se lier avec lui, passer alliance avec lui[129] ». En ce sens, elle n'est plus un lieu de socialisation. Elle ne permet plus d'apprendre à se considérer, démocratiquement, comme un parmi les autres, et équivalent aux autres.

L'idéal moderne, loin de l'appartenance à une collectivité, est dans ce que Marcel Gauchet qualifie d'une belle formule : l'*adhérence à soi*. L'individualisme va aujourd'hui de pair avec un désengagement vis-à-vis du social. Être soi-même, c'est réaliser en toute indépendance ses transactions sur le marché social, au mieux de ses intérêts personnels. Le lien social est devenu une simple nécessité instrumentale.

## *Nihilisme postmoderne*

*Si je n'existe pas, alors tout est permis* : telle pourrait être la formulation postmoderne du nihilisme.

128. Louis Roussel, *La Famille incertaine*, Odile Jacob, 1989.
129. Marcel Gauchet, *La Démocratie contre elle-même*, *op. cit.*

La réaction de sauvegarde consiste à trouver quand même de l'existence dans les semblances des comportements narcissiques. Mais le *faux self* a ses limites. L'effondrement dans la dépression menace, et les diverses recherches de prise en charge ne comblent pas le vide.

Alors vient le retournement : assumer son destin de destruction en adressant une dernière demande au père social défaillant ou pervers. Le tuer en se tuant, dans l'ivresse d'une autodestruction qui est une demande ultime de reconnaissance : logique terroriste, mais logique aussi des raiders capitalistes. Exister dans la destruction universelle – à moins que de nouveaux idéaux n'ouvrent sur une nouvelle donne.

## *Petite annonce*

La technique du collage est en elle-même une interprétation. Démonstration à partir de ce portrait type :

« Ils s'absorbent en eux-mêmes, ils s'adaptent en même temps sur le plan social avec une aisance et une efficacité superficielles, mais leurs relations internes avec autrui sont sujettes à de graves distorsions. Ils présentent à des degrés variables des combinaisons d'ambition intense, de fantasmes grandioses, de sentiment d'infériorité et de dépendance excessive vis-à-vis de l'admiration, des approbations extérieures, ils souffrent de sentiments chroniques d'ennui et de vide ; ils cherchent constamment à gratifier leurs aspirations à l'éclat, à la richesse, au pouvoir, à la beauté, et ils ont des déficiences graves dans leur capacité d'aimer les autres et de se préoccuper d'eux. Parmi d'autres caractéristiques prédominantes, on compte le peu de capacité de compréhension empathique des autres, une incertitude et une insatisfaction chroniques en ce qui concerne leur vie ; des attitudes conscientes ou inconscientes d'exploitation ou de total manque d'égards vis-à-vis des autres, et plus particulièrement la présence d'une envie intense et chronique, et d'une défense contre cette envie [130]. »

À quelques détails près, on trouve ici le profil recherché par les entreprises et autres groupes sociaux en mode libéral : si vous croyez en vous et avez de l'ambition, si vous êtes brillant et en même temps souple et adaptable, si vous plaisez et savez convaincre vos interlocuteurs, même à leur détriment, afin de réaliser vos objectifs personnels et ceux de votre groupe, c'est-à-dire si vous savez ne pas avoir d'états d'âme tout en y mettant les formes, alors vous êtes des nôtres.

## *Sujet polyvalent*

Désormais, nous nous sommes débarrassés des attaches. Il est possible d'avoir plusieurs vies. Notre identité étant dans le regard des autres, nous avons autant d'identités que de fréquentations. Les trajets de vie, qui, en libéralisme, requièrent flexibilité et adaptabilité, amènent à connaître plusieurs parcours, plusieurs familles, plusieurs carrières, à habiter

130. Paul-Claude Racamier, « De la perversion narcissique », *Gruppo*, n° 3, 1987.

plusieurs pays et plusieurs cultures. Et avoir plusieurs sexualités : hétéro, pédo, zoo, homo, queer et surtout bi. Le bi est vraiment libéré, vraiment libéral. Ainsi avons-nous gagné en «polysubjectivité».

## *Je pense comme je fais*

Si dans le monde privé, dans mes relations amicales et amoureuses, en famille, je conserve des idéaux humains, une moralité, dans le monde public je suis content de m'adapter[131] : dans la sphère professionnelle, et particulièrement en entreprise, le principe d'utilité oblige au rapport de force et à la pression, sinon au harcèlement. D'abord je me contente d'agir ainsi par nécessité de m'adapter au contexte, allant à l'encontre des valeurs qui fondent mon identité...

Qui est assez fort pour soutenir pareille contradiction pendant les quarante ans de la vie dite active[132] ? Peut-être ceux qui sont condamnés à ne pas pouvoir se nourrir d'illusions : ceux qui se trouvent en bout de chaîne, en position de subir l'exploitation sans possibilité d'exploiter un subordonné en retour. Pour tous les autres, les intermédiaires, pour l'agent de maîtrise mais encore plus pour le dirigeant, c'est difficile, voire impossible.

Le plus souvent, pour vivre en paix avec moi-même, à la suite d'un long et insidieux processus, je vais marcher sur la tête en adaptant mes croyances

131. Sur ce sujet, voir le beau livre de Christophe Dejours, *Souffrance en France : la banalisation de l'injustice sociale*, Seuil, 1998.

132. Cette découverte explosive est un des motifs de la «crise» d'adolescence.

et mes valeurs à mon comportement. Je vais trouver une nouvelle identité dans les idéaux libéraux. Pensons au mécanisme d'identification à l'agresseur observé chez les victimes de terroristes…

## *La colombe et le totalitarisme*

Magris : « Ce n'est pas par hasard que le totalitarisme soft et colloïdal du pouvoir médiatique repose sur des idéologies faibles et gélatineuses, qui mettent l'individu sans défense à la merci des forces anonymes qui le manipulent, lui ôtant cette ruse du serpent (cette conscience des conflits) sans laquelle, comme il est écrit dans l'Évangile, il n'y a pas non plus l'authentique simplicité de la colombe. Seule une hiérarchie des valeurs peut empêcher que le moi individuel ne perde son unité et sa solidité, et ne se dissolve[133]. »

## *Hédonisme ?*

L'individu postmoderne s'imagine vivre en marge. Il fait partie d'une élite de masse dont il s'étonne de ne pas être le seul représentant ; il est le héros romantique de la création de soi-même, l'artiste sans œuvre décrit par Luis de Miranda[134]. Riche et de droite, il s'imagine vivre de dangereuses transgressions en s'adonnant aux mille plaisirs de la jouissance de soi. Pauvre et plus ou moins de gauche, il s'estime libéré en devenant le pantin de la consommation obligatoire.

133. Claudio Magris, *Utopie et désenchantement*, *op. cit.*
134. *Ego trip*, *op. cit.*

Christopher Lasch : « L'état d'esprit qui correspond au monde de la consommation est bien plutôt un état d'insatisfaction et d'anxiété chronique [...]. L'individu s'y trouve en permanence observé, non par des contremaîtres et des surveillants, mais par des experts en marketing et des techniciens du sondage, qui lui disent ce que les autres préfèrent et ce qu'il doit, par voie de conséquence, lui aussi préférer, ou encore par des médecins et des psychiatres qui l'examinent dans le but de découvrir en lui quelques symptômes de maladies qui auraient pu échapper à un œil non exercé [135]. »

## *L'inestimable objet*

En découvrant les sexes, l'enfant découvre l'altérité. Sa mère lui apparaît sous un nouveau jour, celui d'une incompréhensible différence. Elle n'est plus un sein à consommer, bénéficier de ses biens et services n'est plus jouir de ses propriétés dans l'indistinction du tien et du mien (ce qui est à elle est à moi). Il y a en elle quelque chose d'autre, un quelque chose dont l'enfant ne peut être le nourrisson propriétaire.

Et voici que cette première perte ouvre une succession de manques, à la manière d'une image qui se répète en elle-même infiniment. À cette première perte de l'objet d'amour vient s'ajouter le fait que celui-ci est à un autre, un autre qui en abuse et qui le fait jouir par une opération qui paraît violente. C'est du moins ainsi que l'enfant fantasme la chose, avec sa mentalité sadique de trois ans (environ) : le père

135. *La Révolte des élites et la Trahison de la démocratie*, Climats, 1996.

fait mal (mâle) à la mère, et lui procure une jouissance/douleur que l'enfant ne sait pas lui donner. C'est la découverte, traumatisante, de la sexualité. Une découverte que l'enfant aurait souhaité éviter, et qu'il va d'abord chercher à oublier. Puis, comme si cette deuxième perte ne suffisait pas, vient s'y ajouter une troisième : le père interdit à l'enfant de jouir sexuellement de sa mère.

Ainsi l'objet d'amour est-il constitué comme ce qui manque, ce qui est perdu. Comme ce qu'il ne faut pas atteindre tout en le cherchant. Le compromis consistera, plus tard, à trouver ce premier objet d'amour dans ce qui *semble* être lui sans l'être en réalité. Il n'en faut pas moins pour qu'existe la course infinie du désir, toujours recommencée parce que jamais tout à fait satisfaite. Sans perte de l'objet, pas de désir, plus de vitalité.

Il faudra attendre la résolution du complexe œdipien pour que le père devienne aussi celui qui ouvre l'accès à la réalisation (toujours partielle) du désir. Alors le garçon saura qu'il peut transgresser l'interdit avec une autre femme qui sera comme sa mère sans être elle ; et la fille trouvera un homme qui sera également plus fort que l'interdit (c'est en cela qu'il est le héros des contes et légendes : il brave l'interdit en elle en lui révélant son sexe qu'elle ne connaît pas).

L'enfant du stade sadique-anal n'a pas encore découvert la différence sexuelle. Il consomme des objets réels qui sont pleinement présents et dont il éprouve le besoin dans la logique de l'oralité, où l'autre n'existe pas en tant que tel : le sein est à lui, il est sa propriété et il ne comprend pas qu'on puisse l'en priver. Il fonctionne à la satiété. Toute frustration est une iniquité car la justice, c'est que ses besoins soient comblés. C'est pourquoi il est facilement dans la revendication.

## *L'orifice comblé*

Charles Melman a cette formule : en société libérale, la fabrication d'objets aptes à satisfaire les orifices corporels est devenue une exigence[136]. Pour la bouche, le chariot du supermarché et la grande bouffe ; pour les yeux, le flux permanent des images ; pour les oreilles, la musique à fond les décibels ; pour le gland ou le vagin, la baise, une satisfaction équivalente aux autres satisfactions, partielle en ce qu'elle n'unifie pas la personne dans une relation sexuelle à une autre personne. Jouissances fluctuantes, locales, indépendantes les unes des autres. Jouissances qualifiées par Freud de prégénitales.

## *L'inacceptable dol*

Le monde est une mère orale, d'avant la sexualité génitale. Il est fait pour satisfaire chacun de nos besoins. Tout manque est une injustice. Rien n'est dû au hasard ou à un défaut du réel. Il y a un responsable pour chaque insatisfaction. La mère doit payer pour son absence comme pour son avarice en lait. La justice est là pour garantir cela – voir l'arrêt Perruche.

Les autres sont responsables, pas nous. Nous n'avons pas demandé à naître ; que les parents en

136. Charles Melman, *L'Homme sans gravité*, Denoël, 2002.

assument la responsabilité par une dette infinie à notre égard. La collectivité nous a faits comme nous sommes, c'est de sa faute si nous sommes délinquants. Nous sommes des victimes qui demandons réparation.

### *Nous sommes tous des nourrissons !*

Addiction à l'objet. Ses deux modes d'existence sont : soit il me gave, soit il manque injustement. Le monde est plat comme le réel ; l'objet de satisfaction doit être en prise directe, il disparaît dès qu'il s'absente. L'objet en tant que manquant n'existe pas. Pas de pensée, pas d'imaginaire, mais une dépendance absolue à la satisfaction immédiate d'objets qui doivent assouvir, et produire le sourire de satiété du nourrisson.

### *Consommation et toxicomanie*

Quand tout fout le camp, reste la régression à l'oralité. Témoignage d'un consommateur dans le *Wall Street Journal* : « Peu importe ce que j'achète, c'est juste une frénésie d'achat. C'est comme le premier rail de cocaïne. C'est l'euphorie, et plus j'achète plus je plane [137]. » Le besoin de marchandise s'apparente à une conduite addictive : il soulage de l'ennui et satisfait le besoin (ô combien stimulé) de nouveauté et d'excitation. Ce qui est acheté ne compte pas, c'est l'événement de l'achat qui compte : la satisfaction de l'avidité plutôt que la nature du bien consommé, dévalué dès qu'il est possédé.

137. Cité par Christopher Lasch, *Le Seul et Vrai Paradis*, *op. cit.*

Il s'agit de combler un vide : les fanas du shopping courent les magasins dès qu'ils se sentent mal. Ils espèrent ainsi faire disparaître leur état de manque, apaiser leur sentiment d'isolement et leur état dépressif; restaurer un sentiment d'intégrité et de bien-être par l'acquisition d'une marchandise. De même, le nourrisson voit son corps attaqué par la faim, et il pourra le restaurer par l'ingestion du sein.

Restaurer le narcissisme défaillant en satisfaisant une avidité orale.

## *L'abolition du sexe*

L'enfant du stade sadique-anal n'aime pas la sexualité. Elle le perturbe et le traumatise. L'adulte qui reste attaché à cette logique infantile non plus. À moins de le réduire à la baise et d'en faire un besoin partiel, comme celui de manger ou de regarder un film, le sexe oblige à sortir de soi et à limiter ses plaisirs : il faut tenir compte de son partenaire et lui être plus ou moins fidèle. De plus, celui-ci manque : il n'est pas perpétuellement désirant et aimant, il n'est pas le sein permanent et généreux dont on a rêvé. Autant d'atteintes à la liberté libérale qui conduisent les couples à bien des conflits et des séparations.

Il ne suffit pas de cliver plaisir sexuel et amour, ce que les techniques médicales de la contraception ont rendu plus facile ; il reste la question de l'enfant. Si la procréation pouvait être distincte du sexe, alors celui-ci deviendrait un plaisir comme un autre. Science-fiction : un jour, les biotechnologies le permettront, les enfants seront produits dans des laboratoires de clonage. Chaque individu aura la faculté de faire ses enfants de son côté. Les amibes le font bien ! L'autoreproduction rendra le sexe léger, ou inutile.

## *Le nomadisme queer comme symptôme néolibéral*

Le féminisme était encore trop patriarcal. Il sacrifiait à la notion d'identité et reconnaissait l'existence naturelle de deux sexes. Invoquant Deleuze et Guattari, la pensée postféministe queer[138] déterritorialise. La politique de multitude queer affirme une variation continue des genres, et de chaque genre en lui-même, plutôt qu'une bipartition. Il n'y a pas plus d'homo- que d'hétérosexualité, mais « une multitude des corps qui s'élèvent contre les régimes qui les construisent comme "normaux" ou "anormaux" : ce sont les drags kings, les gouines garous, les femmes à barbe, les trans-pédés sans bite, les handicyborgs[139]... ». Subjectivités multiples, identités mutantes fuyant la logique binaire et duale. Femmes et hommes libérés de l'oppression paternaliste du genre, comme autant de valeurs boursières libres et flottantes, lieux de croisements et d'interconnexions incontrôlables comme doit l'être tout commerce libéral. Il s'agit pour le queer d'échapper à l'imposition politique du genre, et pour le capitaliste à la loi d'État. Leur ennemi est commun : le père social.

Le queer refuse la loi identitaire signifiée par une symbolique hétérosexuelle des corps. Il aime à

138. De l'anglais *queer*, « bizarre », « louche » ; pédé (péj., fam.).
139. Beatriz Preciado, « Multitudes queer », *Multitudes*, n° 12, printemps 2003.

retourner au marquage des corps (comme au bon vieux temps de l'excision, de la circoncision). Il en appelle aux biotechnologies pour arborer toutes les variations possibles du genre. Ainsi manifeste-t-il sa souveraineté, selon l'idéal libéral de l'individu au-dessus de tout, gérant son corps en propriétaire absolu, et revendiquant son droit inaliénable à un plaisir faisant fi de toute loi.

## *Je jouis donc je suis*

Finis, les temps cartésiens où l'existence du sujet était fondée sur la pensée. La pensée aujourd'hui sert à gérer et à calculer les plaisirs. C'est dans la jouissance de l'objet présent que je trouve à exister. Par le comblement d'un vide absurde qui me menace constamment et dont je dois me distraire pour ne pas sombrer en dépression.

Et c'est par mon capital jouissance que j'existe aux yeux des autres. Non pas des jouissances singulières qui susciteraient la méfiance ou l'envie, mais des jouissances dans lesquelles tout semblable doit pouvoir se reconnaître, et qu'il peut égalitairement partager avec moi. Toute discrétion cache un secret honteux, il y a nécessité à exhiber la jouissance, c'est ce que l'autre attend de moi, pour la voir. Dans toutes les situations sociales, comme sur le petit écran. Le psy show, ça se discute ! Voici venu le règne de l'échangisme des jouissances ; de la transparence et du voyeurisme.

## *Nouveaux troubles psy pour postmodernes*

*La transgression des lois.* La culpabilité du névrosé, c'est devenu d'un kitch ! La faute à la papa, c'est terminé. Il est de bon ton de ne pas se soumettre aux lois. On est ici dans le mouvement de fond du libéralisme qui est d'abord insurrection contre la loi paternelle. Le nombre et la diversité des comportements déviants explosent. La psychiatrie les rassemble dans le concept vague de psychopathie ou sociopathie, de personnalité limite ou *borderline.*

*Les troubles de l'identité.* On peut classer dans cette catégorie ce qu'englobe le terme passe-partout « dépression ». Plus encore que le XXe, notre siècle est parti pour être celui de la dépression. Le DSM-IV, instrument clinique utilisé en psychiatrie, range de multiples symptômes sous ce vocable. Coup de chance (vraiment de hasard ?), l'industrie pharmaceutique dispose d'un bel arsenal pour nous faire oublier nos petits et grands malheurs, et nous procurer le coup de fouet nécessaire à la performance !

Mais l'altération dépressive de l'humeur n'est que la manifestation de surface d'un trouble profond déclenché par un sentiment de vide qui se décline en sentiments d'absurdité, de vacuité, d'ennui, de manque de désir. Symptômes à faire dériver en droite ligne du triomphe de l'individualisme libéral, où « être soi-même », c'est ne pas avoir de racines, ne pas être enfermé dans une continuité temporelle, pouvoir tout changer tout le temps : ces « qualités » génèrent l'incertitude quant à la continuité et à la consistance de soi. « Le sentiment de n'être plus rien ni de nulle part, le vertige devant son propre vide sont le prix à payer pour une certaine manière d'exercer la propriété de soi [140]. »

Manque d'identité parce que difficultés d'identification. Quels sont aujourd'hui les modèles d'identification ? Ni les parents ni les enseignants ne tiennent cette place ; les politiciens sont des supermenteurs ou des relaxés ; les scientifiques renoncent à leur idéal de chercheurs pour vendre leurs services à l'entreprise ; les artistes sont des carriéristes médiatiques... Auparavant, la construction de l'identité reposait sur le processus d'identification par lequel on se mettait à la place de (ou l'on succédait à) la figure incarnée d'un idéal. Aujourd'hui, les idéaux prônés par le libéralisme sont de fausses barbes qui n'ont d'autre fonction que de justifier par des rationalisations des comportements répondant à une logique sadique-anale et perverse.

À faux idéal, jeux d'identité plutôt que véritable identification permettant une cohésion et une assurance de soi. Jeux qui permettent souplesse, réactivité, adaptation aux lois du Marché...

*Sentiment d'abandon, angoisse d'abandon.* Un seul sein vous manque et tout est dépeuplé, dit je ne sais plus quel poète. À l'origine de ce sentiment, l'impossibilité de symboliser la permanence de la mère au-delà de l'alternance de ses présences et de ses absences. La logique perverse consiste à renverser le traumatisme en en faisant le décret de sa volonté ; le vœu individualiste d'indépendance radicale vient en fait recouvrir un sentiment

140. Marcel Gauchet, *La Démocratie contre elle-même*, *op. cit.*

d'abandon qui n'a pas été élaboré. Plutôt que de vivre le manque de l'autre, l'individualiste décide qu'il n'a « besoin de personne en Harley Davidson ». Mais il arrive que cette dénégation craque aux coutures, et que réapparaisse un sentiment panique d'être abandonné. D'où la nécessité de se brancher, d'avoir un look acceptable. Il faut être séduisant, il faut être accepté à tout prix. Car, dans la mesure où l'individu n'est plus identifié à une collectivité qu'en même temps il représentait, la solitude est devenue impossible, elle n'est plus vécue que comme un isolement.

Il faut être branché, donc, mais à distance. Les tuyaux de l'informatique sont une belle illustration de la communication anonyme et virtuelle aujourd'hui recherchée. Car *l'autre est à la fois l'objet d'une peur et d'une défiance*. L'idéal libéral de la concurrence, du challenge, renvoie au précepte de Hobbes : l'homme est un loup pour l'homme. Au bureau, à l'atelier comme au lit, c'est la guerre. Voilà pourquoi, convaincu que la confrontation ne peut déboucher que sur l'élimination d'un des deux interlocuteurs (ou du moins de ses intentions, de ses projets), plutôt que d'aller au contact comme on dit en langage militaire, on préfère la négociation. L'idéologie du contrat (on connaît son importance dans l'élaboration du libéralisme) comme prise en compte, dans le compromis et la tolérance, des intérêts des protagonistes envahit la vie sociale, privée et publique.

*Le court-circuit de l'agir*. Le désir d'une personne qui est interdite et qui manque, le désir du désir de l'autre, va de pair avec une activité mentale, il ouvre sur les jeux infinis de l'imaginaire. Le passage à l'acte a alors un sens, il reste une expression du sujet. Avec la personnalité libérale, on passe du désir sexuel de l'autre, exprimé dans l'acte génital et dans ses métaphores, à la consommation orale. Le *désir* se trouve écrasé sur le *besoin* de jouir d'une chose. L'acte n'a plus de sens, il n'est accompagné d'aucun processus mental (sinon celui de la gestion et du calcul), il a pour fonction de combler un vide, d'apporter une sensation de satiété que les auteurs libéraux classiques définissent comme étant le bonheur. Pas étonnant, donc, que les troubles d'ordre psychosomatique (lesquels résultent d'un manque de mentalisation) se développent.

### *Sujet nomade*

Le sujet de la névrose collective chrétienne est dans la logique du *Nom-du-Père* lacanien. En patriarcat, il n'y a qu'un seul père symbolique pour tous, un seul re-père pour la structuration de l'individu.

Dans la névrose du libéralisme classique, alors que le christianisme pèse encore, il n'y a plus de référentiel identique pour tous (individualisme oblige !). On passe à ce que Lacan appelle les *Noms-du-Père*. Chacun, dans son histoire individuelle contingente, rencontre du tiers qui fait office de fonction paternelle. On se passe du *Nom-du-Père* du patriarcat, tout en s'en servant !

Avec l'assomption de la névrose libérale sous sa forme néo-, le triomphe de la liberté individualiste, il n'y a plus de père qui tienne ! Plus question d'être dupe de quelque idéal transcendant qui soit ! Mon intérêt d'abord ! Ce que Lacan marque du jeu de mots des *Non-Dupes errent* : ils sont « ceux ou celles qui se refusent à la capture de l'espace de l'être parlant, ceux qui en gardent, si je puis dire, les coudées franches. [...] Il en résulte l'absolue nécessité d'une, non pas errance, mais erreur. C'est à savoir que pour tout ce qui est de la vie et du même coup de la mort [...], c'est ceci : c'est que *leur vie n'est qu'un voyage*[141] ».

## *Quand le bonheur devient affaire de thérapie*

Embrasser le désastre, reprendre à notre compte le désir de mort dans lequel nous nous trouvons embarqués : n'est-ce pas ce que des artistes d'avant-garde ou les modes des banlieues expriment ? Car le désastre est certain, il est notre avenir. Selon les moments et les sensibilités, il prend des figures différentes : catastrophe nucléaire, trou dans la couche d'ozone, manque de ressources naturelles, terrorisme, insécurités diverses... Des éléments de réalité viennent nourrir l'imaginaire mortifère du régime libéral.

Comment survivre ? En se retirant du monde – sur le mode écologique, dans un coin de nature préservé, pour autant que l'on puisse échapper à l'omniprésence de la technologie ; ou encore en trouvant refuge dans les nouvelles spiritualités. Pour ceux qui restent dans le système, c'est-à-dire la majorité, la santé et le « développement personnel » deviennent des soucis majeurs.

141. Jacques Lacan, *Les Non-Dupes errent* (séminaire inédit – voir le site www.new.lutecium.org/Jacques_Lacan).

La vie sociale et matérielle ne peut être améliorée, il reste à assurer sa sauvegarde par sa vie intérieure et son bien-être corporel. Vivre pleinement ses émotions, communiquer avec soi-même, accéder au plaisir, être bien dans son corps, se nourrir de façon équilibrée deviennent des préoccupations qui permettent à la fois d'atteindre l'objectif de survie en atténuant l'anxiété et de s'adapter au *way of life* libéral.

La médecine, mais aussi les nouvelles psychothérapies y aident : potentiel humain, psychothérapies corporelles, thérapies basées sur les sagesses orientales, gurus et experts divers proposent des béquilles qui, sous couvert de procurer un nouvel élan, conduisent à mieux intérioriser la névrose collective ambiante. Ces « nouvelles thérapies » nous apprennent que tout dépend de nous, de notre désir (perdu et à retrouver) : elles nous confortent dans l'idéologie de la toute-puissance (cause du refuge dans le narcissisme). Elles conduisent à retrouver la confiance en soi, à penser à soi, à se libérer du carcan moral des valeurs traditionnelles, et à considérer l'amour et le devoir à l'aune de sa seule satisfaction personnelle : elles renforcent ainsi l'individualisme, et du coup l'isolement du *moi* dont leurs adeptes souhaitaient sortir. Au mieux, dans l'épanouissement narcissique, elles favorisent un hédonisme de base en libérant les petites perversions sans conséquence (se faire plaisir, se libérer sexuellement – toujours *se* quelque chose…).

Au regard du message de bonheur facile et garanti que promettent les nouvelles psychothérapies, la cure psychanalytique paraît bien maussade !

## *Le temps du progrès*

Le présent progresse, par définition l'avenir est meilleur, le passé est ce dont on s'est débarrassé sans regret grâce aux innovations : il est forcément passéiste et calamiteux. La temporalité du progrès fait table rase du passé, elle inscrit une discontinuité dans le temps, une perte de mémoire. On l'a vu, le libéralisme est arc-bouté sur l'opposition à ce qu'il y avait avant (la féodalité et la religion au niveau collectif, le père et les générations précédentes au niveau individuel).

Le progrès condamne le passé, et la nostalgie en est le pendant négatif. Quand l'illusion du progrès faiblit, elle peut être remplacée par l'illusion du passé : l'idéalisation d'un temps irrévocablement perdu, ce en quoi consiste la nostalgie.

La mémoire se distingue de la nostalgie. Parce qu'elle reconnaît une continuité entre le passé, le présent et l'avenir, la mémoire nous permet de tirer espoir et réconfort du passé afin d'enrichir le présent et de faire face avec courage à ce qui nous attend. Pour pouvoir se construire au travers d'identifications, l'individu doit accepter cette continuité du temps et le passé constitué par les générations précédentes (dont celle de ses parents).

Au contraire, l'idéal collectif du progrès condamne à la rupture avec le passé, ce qui entraîne un affaiblissement de l'identité, un sentiment dépressif de perte et d'absurdité – puisque l'idéal du progrès ne remplit pas ses promesses (et quand le fait-il vraiment ?). Ne reste alors que la nostalgie des prétendues racines perdues…

## *Psychologie libertarienne*

Le libertarianisme, affirme Martin Masse [142], est une philosophie de l'évolution humaine, une éthique des rapports entre les individus et une attitude générale devant la vie qui repose sur cinq principes, sources de bonheur et d'équilibre psychologique – dans lesquelles on n'aura aucun mal à retrouver le style pervers, notamment la volonté de toute-puissance individuelle et l'indifférence à autrui et aux lois.

Le premier principe consiste à « assumer ses choix et cesser de rejeter la responsabilité de ses actions sur les autres ». Les individus sont responsables des choix qu'ils font et de la situation dans laquelle ils se trouvent. Ils doivent en assumer les conséquences, bonnes ou mauvaises, sans se plaindre ni en rejeter la faute sur les autres.

Il faut donc comprendre qu'ils sont totalement maîtres d'eux-mêmes et ne dépendent en aucune manière d'un contexte social, économique ou politique. L'histoire commence avec eux. Toute revendication est ainsi nulle et non avenue : elle ne peut émaner que d'un pleurnichard ou d'un looser !

Le deuxième principe consiste à « voir l'aventure humaine avec optimisme ». Les libertariens ont confiance dans l'ingénuité et le sens de l'initiative humains. Il suffit de laisser les gens libres d'agir et de faire confiance au Marché comme à la marche du progrès. Être cool et lâcher prise...

Le troisième principe consiste à « refuser de s'en remettre à des abstractions collectives ». Les liber-

142. Dans *Le Québec libre*, 8 janvier 2000.

tariens s'intéressent d'abord à l'individu et le voient comme l'ultime réalité sociale. C'est la subjectivité de l'individu qui importe, pas son appartenance à des entités collectives forcément abstraites. L'individu n'a donc pas à se plier à quelque idéal collectif que ce soit. Il n'a rien à faire d'un État, qui incarnerait la « volonté collective » et arbitrerait les relations et conflits entre les multiples groupes.

Le quatrième principe consiste à « viser une amélioration constante à long terme plutôt qu'une perfection statique à court terme ». Les libertariens conçoivent la vie comme une suite ininterrompue d'adaptations et de remises en question dans un monde en perpétuel changement. Ils ne croient pas en la possibilité d'un monde parfait et utopique (en clair, plus ou moins socialiste). Ils adoptent une attitude réaliste et pragmatique et sont réconciliés avec le monde tel qu'il est. Pour eux, ne pas supporter l'imperfection du monde, trouver que certaines situations sont inacceptables et qu'il faut intervenir, est le fait de personnes frustrées et aliénées de la vie : des malades.

Le cinquième principe, enfin, consiste à « être tolérant et accepter la diversité ». Les libertariens considèrent que la liberté est la valeur fondamentale. À leurs yeux, on peut absolument tout faire, indépendamment de toute morale, dans la mesure où l'on ne porte pas préjudice à autrui ni à ses propriétés. Comme le social n'existe pas, chacun peut vivre selon ses goûts et laisser vivre son voisin selon les siens. Côte à côte, chacun dans son ghetto, dans sa communauté.

## *Check-up*

Christopher Lasch[143] effeuille ainsi la marguerite libérale :

- obsession pour le sexe et la violence ;
- refus d'enfermer sa liberté sexuelle dans un couple ;
- préférence pour les engagements qui n'engagent à rien ;
- moralité floue et tolérante ;
- goût de l'acte, refus de penser et d'attendre ;
- dépendance maladive aux drogues licites et illicites, au divertissement et aux informations télévisées du soir ;
- refus de tout ce qui limite le pouvoir souverain de choisir ;
- refus de savoir ce qui est bien et mal, de juger et d'être jugé.

143. *Le Seul et Vrai Paradis*, *op. cit.*

QUATRIÈME PARTIE

# COMMENT DÉPASSER LE LIBÉRALISME ?

*Si la névrose individuelle, comme le dit Freud, est une religion personnelle, c'est-à-dire l'équivalent, au niveau du sujet individuel, d'un système collectif d'idéaux et d'interdits, permet-elle d'entrevoir l'évolution possible d'une névrose collective ?*

## *Idéal et justice dans la névrose collective*

Une névrose collective est bonne lorsqu'elle permet de vivre, autrement dit lorsqu'elle traite efficacement deux élans fondamentaux que rencontre tout humain : celui de *faire mourir* et celui de *se mourir*[1].

*Faire mourir* l'autre, car l'autre est celui qui me détourne de mon autosatisfaction ; il ouvre le cercle fermé du *narcissisme primaire* dont nous avons abondamment parlé – la fusion du petit enfant à sa mère n'en est qu'une variante. C'est pourquoi le père, celui qui ouvre le cercle en y faisant intrusion, montrant du même coup qu'il y a « de l'ailleurs », l'empêcheur de tourner en rond, devient la figure princeps de l'autre. Dans le complexe œdipien (moment du passage de l'animal humain à l'humain fait homme ou femme), le parricide est donc le pôle emblématique de la haine : désir de tuer l'autre, de tuer la différence qu'il introduit, d'abolir l'interdit qu'il énonce – et refus de l'ouverture qu'il apporte sur un monde qui n'est plus celui de l'« auto- ».

*Se mourir* renvoie au désir de rester dans le cercle. De s'y enfoncer. De rester d'où l'on vient, dans les figures métaphoriques de l'utérus : la mère, la famille, la tribu… tout ce qui peut faire office de

1. Tournure ancienne encore vivante dans l'expression : « Madame, je me meurs ! »

« matrie[2] ». Là où la question de la différence ne se pose même pas (pas encore). Y rester, voire y retourner : retourner avant l'avant. C'est le propre du désir incestueux, en tant que désir de retourner au néant d'avant la naissance.

En synthèse : le propre d'une bonne névrose est de permettre de refouler le désastre du parricide et l'horreur de l'inceste. De réaliser un refoulement ne laissant subsister que des symptômes socialement acceptables, c'est-à-dire ne mettant pas en péril l'économie subjective individuelle ni l'économie collective – par exemple, le souhait de parricide transformé en goût pour la compétition sportive, ou le désir incestueux satisfait dans des transgressions tolérées (la prostituée pour l'époux, l'amant pour l'épouse). Il faut pour cela de l'idéal, supporté par le père dans la névrose patriarcale, et de la loi. On dira, transposé dans le social : de la vérité et de la justice.

Ou encore : le propre d'une bonne névrose collective est d'offrir à l'individu des idéaux et des lois qui lui permettent de se structurer de façon économique ; des idéaux qui permettent au narcissisme de sortir de son cercle pour s'investir dans des figures fortes et valorisantes. De trouver dans le social des objets d'amour qui l'amènent à « sortir de lui ». Alors, une éthique peut se mettre en place et rendre possible l'exercice d'une justice.

On l'a constaté, la névrose collective libérale n'offre pas d'idéaux fiables. Sur son versant exotérique (proclamé), elle propose de ravaler les idéaux au prétendu réalisme de l'individualisme utilitariste

2. Le couple, parfois, fonctionne ainsi.

et du marché économique ; elle accule à devoir accepter dans la résignation une politique du moins pire, celle du darwinisme social, comme incontournable destin. Sur son versant ésotérique (sous-entendu et inavouable), elle propose aux élus du Marché une exaltation de la mégalomanie dans le refus des lois et l'ignorance de l'autre. Ne trouvant pas à s'extérioriser sur des objets d'amour, le narcissisme campe donc au mieux sur une position prégénitale (mégalomanie sadique-anale), au pire se trouve déficitaire (masochisme et dépression).

Difficile dans ce contexte de parler d'éthique. Qu'à cela ne tienne, puisque la névrose libérale refuse la loi et favorise les transgressions, des petites perversions (hédonisme) aux grandes (violence économique) !

### *Déstructuration 1 : la perte des idéaux et le sadomasochisme moral*

Que se passe-t-il quand la névrose collective n'est pas structurante ? C'est-à-dire, quand les idéaux s'estompent et que les lois faiblissent ? Sur cette question, suivons la démarche de Roger Zagdoun[3].

L'idéal du père a disparu depuis que le ciel est vide, et le libéralisme n'a pas trouvé à le remplacer. La formule « Dieu est mort » est incomplète. Notre imaginaire la restitue dans sa totalité : si Dieu est mort, c'est que je l'ai assassiné. Autrement dit, quand l'idéal faiblit, le souhait de parricide n'est plus contenu et se voit même confirmé. Cependant, le meurtre du

3. *Hitler et Freud, un transfert paranoïaque, op. cit.*

support de l'idéal n'apporte pas le bonheur, car avec lui disparaît le pôle d'identification, condition de l'existence du sujet. C'est pourquoi celui-ci peut tenter de restaurer l'idéal défaillant en retournant contre lui son agressivité : ce n'est pas lui qui est mauvais, c'est moi ! Tentative débridée de l'autoaccusation : le *surmoi* n'est plus contenu par une loi extérieure, il peut s'en donner à loisir, la psychanalyse a décrit sa cruauté sans limites. La perte de l'idéal débouche ainsi sur les joies inconscientes du masochisme moral.

*Figure minimale* : scepticisme généralisé du peuple libéral, sentiment dépressif d'avoir peu de valeur[4] – et, de ce fait, acceptation résignée de n'importe quoi comme tenant lieu d'idéal : le carrefour de la consommation, le politicien véreux…

*Figure maximale* : la défense contre le masochisme moral grâce au mécanisme de la projection : ce n'est pas moi qui suis coupable, c'est l'autre. En effet, il peut être plus économique de se punir dans l'autre que de s'autodétruire. Alors, le masochisme moral se renverse en sadisme moral. La scène sociale permet ce jeu entre un maître et un esclave qui en est resté, lui, au masochisme pur et simple. Dans l'entreprise, harcèlement moral ; dans la cité, rapports de domination.

*Et quand ça dérape*, quand ça délire, totalitarisme politique et masochisme de masse[5] (un baromètre du totalitarisme : pas de plaisir pour les masses, sinon celui du déplaisir).

4. Intéressant pour le libéralisme : cela amoindrit la combativité.
5. Exemple : le stalinisme, totalitarisme de gauche.

### *Déstructuration 2 : l'affaiblissement de la loi et le sadomasochisme physique*

Quand la loi vient à faiblir, le désir incestueux fait retour. On l'a défini comme le désir, pour le garçon, de s'anéantir dans la mère.

*Figure minimale* : ce désir se manifeste dans les joies inconscientes de l'anéantissement, vécues sous des formes métaphoriques. Tout ce qui fait crash – accidents divers, de la route ou du toxique, joies troubles de la maladie et de l'hôpital, mise en spectacle des blessures diverses (faut qu'ça saigne !)... Plus profondément (et inconsciemment), la pulsion néantifiante qui semble à l'œuvre en économie libérale : désir d'aller jusqu'au gouffre de la faillite ou du krach, jusqu'à l'embrasement guerrier de la planète. Version libérale du Grand Soir.

*Figure maximale* : l'horreur n'est jamais loin, trop sensible. Parfois difficile de s'y engloutir avec délice. C'est pourquoi il est tentant de s'en défendre par un retournement des rôles : plutôt que d'être le fils qui disparaît dans la mère, être la mère pourvoyeuse de néant pour le fils (face féminine du désir incestueux). Être le bourreau qui fait souffrir sa victime. Fascination devant l'anéantissement d'autrui : le meurtre social (dégraissages), la guerre mise en spectacle télévisuel, mais aussi les violences ordinaires du vol, du meurtre plus ou moins collectif et de l'attentat.

*Et quand ça dérape*, quand ça délire, persécutions collectives[6] : guerres dites ethniques, génocides artisa-

6. Persécutions des totalitarismes de droite – exemple : le nazisme.

naux (à la machette) ou industriels (au four crématoire)… Du passage à tabac au passage au néant, la logique du désir inconscient reste identique…

## *Déstructuration 3 : la totale*

Les deux versants de l'autodestruction[7] se confortent l'un l'autre. Quand la perte des idéaux libère le souhait de faire mourir (parricide), engendrant ainsi une culpabilité surmoïque sans contrôle, elle crée un climat dépressif qui empêche d'être assez fort pour faire respecter la loi.

Le père de famille ne sait plus quel idéal invoquer pour dire ce qui est juste et l'imposer quand c'est nécessaire. De même pour le père social : l'État se cantonne à un rôle d'assistance et joue les *Big Mother*[8].

C'est la porte ouverte à toutes les transgressions, jusqu'à l'autodestruction finale. Jusqu'au nihilisme annoncé par Nietzsche[9].

## *De l'individuel au collectif?*

L'individu intègre les idéaux et les lois au moment de la résolution œdipienne. Il trouve à s'identifier dans un idéal sexuel d'homme ou de

7. On emploie ce terme plutôt que celui de pulsion de mort, qui demanderait un débat théorique : est-elle ou non une manifestation de l'Éros ?

8. Michel Schneider, *Big Mother*, *op. cit.*

9. Le nihilisme n'est pas un absolu auquel il n'y aurait rien à comprendre – même dans la figure de la Shoah. Il renvoie à une jouissance incestueuse « libérée » par la faiblesse de la loi.

femme. L'inscription dans une lignée de générations le situe par rapport à une origine familiale et collective source de valeur. Et l'apparition du père (du paternel dans le père, puis dans la mère) l'ouvre aux idéaux du monde social. Par ailleurs, l'interdit de l'inceste devient le modèle de la loi : en interdisant l'union avec la mère, la loi permet le commerce (du sexe, mais aussi et surtout de ses multiples sublimations) avec le nombre infini des étrangers au cercle familial. En ce sens, elle donne le monde humain dans son entier.

En quoi ce passage de la névrose individuelle à une logique génitale découverte avec la résolution du complexe œdipien pourrait-il nous donner à penser une bonne névrose collective ?

## *Le génital*

On ne peut pas décrire le développement individuel comme une succession de stades marquant les étapes d'un progrès nécessaire pour parvenir à l'épanouissement d'un âge adulte – comme on décrirait l'épanouissement d'une belle plante jusqu'à sa floraison. On constate cependant que l'individu passe le plus souvent par un certain nombre de positions, que la plupart des psychanalystes ne peuvent s'empêcher de ranger dans un certain ordre, tel qu'ils l'observent dans leur pratique. Décrivant l'évolution comme une succession de castrations – ombilicale (la naissance), orale (le sevrage), sadique-anale (la propreté et le contrôle musculaire), phallique (la découverte de la différence des sexes) et œdipienne (la sexualité génitale) –, Françoise Dolto parlait d'un processus d'humanisation [10].

On peut dire en effet que nous ne naissons pas humains, mais que nous le devenons, plus ou moins.

Du nourrisson omnipotent parce que le monde, c'est lui (et aussi bien : parce que lui, c'est le monde) à l'enfant pervers polymorphe, puis à l'adulte génital, se dessine un chemin marqué par l'avant et l'après de l'œdipe.

En adoptant la logique génitale, en effet, le sujet entre dans un nouveau monde. Pour autant qu'il y parvienne pleinement : il a tant de motifs à rester dans le refus de la castration [11].

Car la position génitale passe par une castration majeure, à bien des titres inacceptable, et jamais pleinement reconnue dans l'inconscient. Des retours, des résurgences sont toujours possibles [12].

---

10. Difficile question que celle des rapports de la science et des choix de valeur. Il nous semble que les sciences « molles », comme la psychanalyse, mais aussi les sciences « dures » ne peuvent se départir d'une position de valeur. Les unes comme les autres participent d'un système symbolique, elles nous donnent une réalité à vivre. Ainsi une position purement scientifique est-elle scientiste dans la mesure où elle méconnaît le fait qu'en cherchant le réel elle invente une réalité.

11. Mot du sabir analytique pour désigner le renoncement à certains désirs, à certains objets d'amour – condition pour en découvrir de nouveaux. Exemple de la castration orale : la perte du sein (le sevrage) libère la bouche pour l'usage de la parole.

12. D'autant plus que, bien que Freud parle d'un primat du génital, c'est-à-dire d'une organisation érotique rassemblée autour du génital (laquelle oriente l'ensemble de la vie psychique), les objets causes du désir oral ou anal n'en disparaissent pas pour autant, même s'ils sont rangés dans la catégorie des préliminaires.

## *La castration primaire*

L'enfant découvre un jour qu'il n'est pas entier. Il lui manque (ou il pourrait lui manquer) quelque chose, son anatomie l'atteste. Si vus de dos tous les corps se ressemblent, il n'en est pas de même de face.

La fille découvre qu'elle est privée de pénis, que le garçon a « plus[13] qu'elle ». Elle se tourne vers sa mère qui, en tant que déesse de son enfance, doit être dotée de tous les attributs. Déçue par la découverte que sa mère est également dépourvue de pénis, elle se tourne vers son père, attend qu'il lui donne le sien, et se trouve valorisée dans sa condition féminine si elle apprend qu'il lui poussera des seins et qu'elle aura un enfant dans son ventre.

Bien que différente, l'expérience du garçon passe également par la perte du sentiment de toute-puissance. Si la fille n'a pas de pénis, c'est qu'on le lui a enlevé : ainsi peut-être n'est-il qu'une fille en sursis, lui aussi pourrait subir une castration… De plus, il apprend qu'il n'aura pas d'enfant dans son ventre : pour avoir un enfant à lui (tout comme, dans sa vision enfantine, il appartient à sa mère), il devra passer par une autre…

La mégalomanie narcissique du garçon comme celle de la fille connaissent une atteinte grave qui oblige à un remaniement psychique fondamental. En acceptant de n'être qu'un homme ou qu'une femme, le sujet se trouve amené à sortir de l'autosuffisance. Il

13. Ce « plus » étant moins l'organe en tant que tel que ce qu'il signifie symboliquement, que l'on a coutume de résumer par le terme « phallus », soit la jouissance absolue.

y perd la toute-puissance imaginaire et l'indifférence à l'autre qui lui permettaient d'exercer sa cruauté sans état d'âme. Avec la découverte de la différence des sexes, il gagne de découvrir un autre radicalement différent, étranger, prototype de l'ouverture à l'espace social – et de la fécondité qui en découle. Car c'est du commerce de l'un avec l'autre que naît un troisième nouveau et différent : cette formule de la génitalité, d'abord sexuelle, s'étend à l'ensemble de l'activité. Elle fait du sujet un humain.

En le situant dans l'ordre des générations, elle permet également à l'enfant de renoncer à l'individualisme et à l'immortalité imaginaires. Dans la Bible, Adam engendre Seth qui engendre Enosh qui engendre Caïnan qui engendre Mahalel… Si l'enfant est né un jour, il ne vient pas du néant : il est le produit d'une lignée toujours valeureuse dans la mythologie familiale. Et quand il meurt, il se poursuit dans sa procréation. Ainsi la castration œdipienne lui permet-elle de sortir de l'instantané de sa vie d'individu [14] pour entrer dans le temps humain.

## *La loi*

La découverte de la différence des sexes conduit le garçon à éprouver pour sa mère un désir sexuel. Parce qu'il connaît maintenant le rôle que celui-ci joue dans la procréation, il rencontre le père comme géniteur, et comme s'opposant à son désir incestueux. L'enfant avait connu jusqu'alors des interdic-

14. Voir le culte libéral de l'instant : vivre à fond le moment présent !

tions vécues comme de simples empêchements ; il découvre une loi qui donne un sens à ses désirs.

L'interdit de l'inceste ne se réduit pas, en effet, à l'interdiction de toute relation sexuelle avec sa mère. La loi n'est pas un panneau de sens interdit. Elle est une parole qui permet à l'enfant de renoncer à un acte « naturel, libre, spontané[15] » et incestueux pour entrer dans un système culturel de règles où il devient un homme ou une femme, un humain. Elle est un fait de langage que le père se contente de transmettre, car la loi n'est pas de l'ordre de son caprice. Il ne fait pas la loi, il la représente. C'est pourquoi le père énonciateur de la loi est une fonction avant d'être une personne ; son rôle peut être tenu par d'autres que lui, même s'il en est souvent l'initiateur privilégié aux yeux de la mère.

## *Échange accumulatif et échange créatif*

On peut échanger ses cacas ou leurs équivalents (autrement dit, ce que l'on produit et possède en tant que fruit de son travail, c'est-à-dire, selon les auteurs libéraux classiques, d'une dépense corporelle), faire collection de ses acquisitions, en faire des montagnes de monnaie.

L'échange sexuel, quand il est génital[16], procède d'une autre logique : il ne s'agit plus d'échange de productions[17]. Ce qui est donné et ce qui est reçu

15. Comme on dit en libéralisme.

16. Le coït génito-génital ne garantit pas la génitalité symbolique, celle qui nous intéresse ici.

17. À moins qu'on réduise, comme le scientisme y invite, la sexualité à un échange de gamètes.

n'est plus de l'ordre de l'avoir mais de l'être, puisqu'il s'agit de faire don de soi et non de sa production. Et le gain (pour reprendre ce mot tiré du vocabulaire économique) ne peut être réduit à la captation du corps d'autrui. Il fait suite à un don de soi qui n'a rien d'un investissement, mais présente un caractère gratuit. Il n'est pas accroissement d'une même valeur : la procréation débouche sur du nouveau. Elle est féconde en ce que l'enfant (et toutes les créations, ne seraient-ce que celles du plaisir), né du don, surprend par sa nouveauté : il porte la marque de la différence qui est à son origine.

## *Rôle de l'émancipation féminine*

La névrose collective chrétienne tente de sauvegarder quelque chose du narcissisme primaire en pliant le génital à sa logique. La différence des sexes est acceptée, et en même temps refusée : le symbole phallique hérite de la toute-puissance infantile présexuelle. Les rapports masculin/féminin existent, mais sont ordonnés sur un mode prégénital[18] – au mieux sur le mode phallique, qui n'existe qu'avant la découverte de la différence des sexes[19]. Les relations interindividuelles comme les relations sociales sont alors inscrites dans ce que Roger Zagdoun appelle la *névrose collective de l'En-plus*[20].

18. Comme nous l'avons développé au début de la deuxième partie.

19. Stade où il n'existe pour la fille comme pour le garçon qu'une sexualité active et masculine (clitoridienne pour la fille), du moins dans le contexte de la culture encore patriarcale qui est la nôtre. Distinguons, donc, la sexualité phallique de la sexualité génitale.

20. Dans *Œdipe le garçon, la prohibition de l'inceste et la fonction paternelle*, Encre, 1979.

La névrose chrétienne et patriarcale n'en finit pas de finir. Jusqu'à la fin du XX$^{e}$ siècle (au moins), elle se mêle à la névrose collective libérale pour former un syncrétisme où le génital (postœdipien) est repris dans une logique préœdipienne : le sexuel se réduit à un rapport sadomasochiste[21]. La bipartition symbolique homme qui a « en plus »/femme qui a « en moins »[22] structure les rapports sociaux, et notamment la lutte des classes : dans l'ordre sexuel, la classe dominante est symboliquement masculine ; dans l'ordre des générations, elle est en même temps celle des parents (père et mère). La classe dominée est féminine, et elle est en même temps celle des enfants. La lutte des classes est donc la lutte des pères et mères qui ont « en plus » contre les fils, filles et femmes qui ont « en moins ». Symboliquement, le genre féminin se trouve ainsi allié à la classe sociale dominée. L'homme prolétaire connaît le casse-tête suivant : il participe à la fois du groupe social de l'« en-moins », symboliquement féminin, tout en étant du genre de l'« en-plus », dominant dans le patriarcat…

La disparition de la société patriarcale et de sa névrose collective passe donc par l'émancipation des femmes, laquelle en est à la fois un enjeu majeur et un moteur. *Émancipation* : action de s'affranchir, de se dégager d'une autorité, de servitudes, de préjugés – à distinguer de la *libération*, laquelle peut se réduire à faire des femmes les individus « libérés » autarciques et sans véritable génitalité du régime libéral.

---

21. L'enfant de l'âge sadique-anal imagine le rapport sexuel comme un viol sadique au cours duquel l'homme éventre la femme, et la femme dévore l'homme.

22. Bipartition qui représente une atteinte du narcissisme.

Cette émancipation (en cours) est un facteur clé pour le dépassement du libéralisme : va-t-on vers un régime de la différence sexuelle ou vers l'unisexe (ou mieux : le pré-sexe) ?

## *Résistance libérale*

Comme la névrose chrétienne, la névrose collective libérale tente de préserver le narcissisme primaire (du moins ses rejetons). Par une autre voie : elle témoigne d'un évitement de la castration primaire par le déni de la différence des sexes et de l'ordre des générations.

## *Disparition du sujet ?*

Félix Guattari : « Le fait que les systèmes économiques existants, faute d'être ressaisis par une classe sociale capable de dépasser ses intérêts propres et d'imposer la venue d'une société sans classes, soient ainsi en permanence en train de sécréter des institutions économiques et sociales transformant les individus en rouages d'une immense machine pose, en retour, le problème de l'assomption de la subjectivité sociale comme terme final inéluctable du procès de production. La venue au pouvoir d'une force sociale dont le système normatif serait compatible avec les exigences du champ de la parole humaine est-elle concevable ? Toute l'évolution sociale ira-t-elle dans le sens d'un écrasement de plus en plus marqué du sujet désirant[23] ? »

23. « Réflexions quelque peu philosophiques sur la psychothérapie institutionnelle », art. cité.

## *Dépasser*

Toute névrose collective apporte une réponse sur le versant du narcissisme comme sur celui de la sexualité. À travers les vérités qu'elle énonce, elle offre des idéaux permettant de surmonter le réel ineffable de la mort, castration suprême, comme les autres castrations. Elle pose des interdits vis-à-vis du désir d'inceste et du souhait de parricide.

Dépasser la névrose collective libérale reviendrait donc à faire exister la vérité de la castration primaire, à fonder sur cette vérité un idéal. Et à instaurer une justice garantie par la loi.

## *Le mensonge*

La névrose collective chrétienne se fondait sur un double mensonge : celui de l'existence d'un dieu, et celui d'un père concevant seul son fils (impliquant la forclusion du féminin). La vérité faite sur ces deux points défait la névrose.

La névrose libérale propose l'individu comme horizon, l'utilité comme bonheur, l'économisme comme réalité, le progrès comme destin : vérité ou mensonge ?

## *Établir la vérité*

La religion a laissé la place à l'idéologie. La pensée rationaliste a remplacé la pensée mythique (c'est dire qu'elle présente une propension à remplir la même fonction !). La science libérale propose un système d'idéaux développés sous les figures de l'individu et de sa liberté, de l'utilitarisme comme nouvelle morale, de l'économie et du marché comme nouvelle réalité, du progrès… et du scientisme. Dans le même temps, elle brocarde les « pensées uniques » qui viennent critiquer ses vérités, qu'elle déguise de l'impératif du réel : avec le libéralisme, il ne s'agit plus de savoir si cela est vrai ou non, mais si cela est ou non. Le factuel tient la place du vrai. Ainsi se trouve réintroduite, subrepticement, une dimension de transcendance. Yahvé disait : je suis celui qui est. De même, le fait, prétendument réel, est ce qu'il est. Il n'y a rien à en dire ou à en penser, il faut le prendre tel qu'il se dit être.

Dépasser le libéralisme, c'est peut-être distinguer le jugement de réalité du jugement de vérité. Trouver ou retrouver la difficile question de la vérité, en dehors du champ religieux. Car il s'agit moins d'adhérer à une vérité préétablie que d'instituer une vérité qui soit reconnue par tous. Au nom de quoi, si ce n'est plus en celui de Dieu ou du fait de nature ?

### *De la tolérance libérale*

Le mensonge est la chose la mieux partagée au monde. Qui s'attend à ce qu'un homme politique énonce une vérité ? à ce qu'une publicité dise le vrai ? La communication remplace l'information, tel est le jeu, normal !

Poser la question de la vérité est au mieux une incorrection, au pire une manifestation de misanthropie et d'intolérance. Chacun doit pouvoir mener son jeu comme il l'entend, à chacun sa vérité…

Plutôt que la confrontation à une vérité, on proposera la négociation d'un compromis – afin que les intérêts de tous soient assouvis.

### *Mentir vrai*

Le mensonge est dans l'air du temps. Nous le respirons dès que nous parlons. Normal ! La logique utilitariste le veut ainsi. Dire ce qu'il y a à dire serait de la dernière naïveté ! Mieux vaut mentir vrai. S'agit-il, d'ailleurs, de mensonge ? Simplement, le pragmatisme ignore la catégorie de la vérité – ou la détourne : est vrai ce qui est profitable.

### *Indifférence perverse vis-à-vis de la vérité*

Le pervers a la passion de l'indifférence. Il ne reconnaît pas la différence des sexes, et en même temps il fait avec : c'est sur ce mode qu'il traite la vérité.

### *La vérité comme limite*

On ne peut rien affirmer qui tienne lieu de référence réelle. Donc, tout est possible, tout est vrai comme rien. Voilà qui libère un rire quelque peu satanique : tout est soumis au jeu d'équivalence généralisée, la monnaie est son totem. La notion de vérité est abolie, tout flotte, tout baigne !

La moindre tentative de faire percer la vérité vient rompre ce jeu libéral : insupportable.

## *Un pari sur le réel*

La vérité est un pari sur le réel : elle dit le vrai sur ce qui ne peut être connu. En ce sens, elle est un idéal : elle suspend un pont entre les mots et les choses. Elle ne fait pas que nous tirer de l'erreur, elle nous sort de l'absurde : elle donne du sens au réel.

## *La vérité comme idéal*

Jürgen Habermas : « Nous associons à la vérité d'une proposition une prétention qui outrepasse toutes les preuves dont nous disposons[24]. » Alors que la *vérité scientifique* se fonde sur la cohérence rationnelle des propositions le plus souvent justifiées par l'expérimentation du réel, alors qu'elle est conditionnelle, sujette à révision, il existe une *vérité inconditionnelle* prétendant à l'universalité et nous donnant une réalité dans laquelle agir. C'est parce que nous tenons intuitivement pour vraie cette réalité (que l'on peut définir comme une interprétation du réel) que nous pouvons vivre notre quotidien.

Distinguer, donc, la « croyance vraie », fonctionnant comme une transcendance (c'est vrai parce que c'est vrai) et posant une vérité inconditionnelle qui nous donne une réalité à vivre, de la *vérité discursive* – laquelle s'établit par un jeu de propositions rationnelles faisant l'objet d'une discussion et d'un accord entre personnes –, qui prend appui sur la croyance vraie et s'en dégage pour en faire l'examen et

24. *L'Éthique de la discussion et la question de la vérité*, Grasset, 2003.

construire une vérité conditionnelle scientifique. Enfin repérer le va-et-vient entre vérité conditionnelle et « croyance vraie ».

Même quand elle a fait l'objet d'un examen qui a permis de valider une correspondance avec le réel (dont on s'accorde à soutenir qu'il existe, bien qu'on ne puisse pas directement l'appréhender), la « croyance vraie », dans l'action concrète des hommes, fonctionne comme un idéal : elle devient le sol d'une réalité indiscutable qui permet d'avancer. C'est cette vérité-là dont nous avons besoin pour vivre[25], et qu'une bonne névrose collective (bonne dans la mesure où l'individu peut y vivre sans symptômes invalidants) doit instituer.

## *Redonner un sens à la loi*

La loi ne peut pas se comprendre comme une simple atteinte à la liberté. Elle est un rituel qui permet d'initier l'enfant, de le faire passer du barbare à l'humain.

Introduire à la loi, c'est initier le sujet au secret qui restera tu (inter-dit), et aux règles de conduite qui en découlent. C'est l'observance de ces règles qui fait du sujet un humain, doué d'un corps nouveau (un corps de paroles écrit autrefois à même la peau), et lui offre avec la mémoire humaine l'entièreté du temps. Le parcours de l'humanité lui est donné en mémoire, il voit désormais le monde avec les yeux des générations qui l'ont précédé, il sait qu'il sera

25. Alors que nous vérifions chaque jour que nous pouvons nous passer de la vérité discursive, ou scientifique.

présent dans le regard des générations à venir. La loi donne la seule éternité possible, celle du fleuve vital dans lequel le sujet individuel ne se baignera qu'une seule fois – une loi ordonnée par un symbole représentant la source de la vie, soit aujourd'hui encore, en psychanalyse, le phallus, à remplacer par un signifiant féminin/masculin[26].

## *Le juste et le démocratique*

Alors qu'une proposition est vraie quand elle entre en correspondance avec le réel, le jugement moral ne peut pas fonder la valeur sur du factuel.

Comment donc fonder le jugement moral ?

Par le sentiment moral qui est au cœur de l'homme, dit-on. On reste alors dans la métaphysique du déjà-là. S'il n'y a plus de dieu pour inspirer le sentiment moral, il reste au moins son avatar : la supposée nature. On a dit que l'idéologie des droits de l'homme paraissait souvent proche de cette conception. Chez Kant aussi : c'est dans le colloque singulier avec lui-même que l'homme découvre naturellement l'impératif moral – qu'il passe alors au crible de la rationalité, suivant le principe d'universalité : « Agis de telle sorte que tu traites l'humanité aussi bien dans ta personne que dans la personne de tout autre toujours en même temps comme une fin, et jamais simplement comme un moyen. »

---

26. En psychanalyse, le stade phallique est préœdipien : il y a du phallus quand il n'y a pas de sexe, c'est-à-dire de différence sexuelle. Rien d'étonnant à ce que, dans notre culture où le patriarcat caractérisé par la forclusion du féminin n'en finit pas de finir, la différence des sexes soit organisée autour du phallus.

Les auteurs libéraux proposent une autre tentative, en cherchant à fonder le juste sur une vérité scientiste. Mais une vérité pratiquant le raccourci : est juste ce qui est vrai, est vrai ce qui est (alors que la vérité scientifique n'est qu'un énoncé pariant sur une correspondance avec le réel, par définition jamais là). Cette démarche présente le mérite apparent de couper court à toute discussion, et de réintroduire ainsi une dimension impérative sous couvert de réalisme.

Avec Habermas, on peut soutenir une vision constructiviste de l'éthique, qui requiert comme condition une réelle démocratie, c'est-à-dire « une communauté inclusive et autolégislatrice d'individus libres et égaux estimant devoir se traiter comme des fins en soi[27] ». Le juste est institué par la communauté des humains. C'est l'accord entre les hommes sur la capacité d'une valeur à prendre chaque humain comme fin et non comme moyen qui fonde la validité de ce qui est juste. Encore faut-il que les groupes et les individus parviennent à se décentrer de leur ego pour pratiquer une empathie réciproque[28]. Ce que ne permet pas l'individualisme utilitariste libéral.

Reste la question pratique (politique) : comment y parvenir ?

## *Question de mémoire*

L'éthique est une question de mémoire ; un monument construit par les générations humaines. Historique, elle n'a pas besoin de fondation

27. *L'Éthique de la discussion et la question de la vérité*, *op. cit.*
28. Ce que leur apprend la différence des sexes quand elle est intégrée.

métaphysique. Si elle a été reprise à leur compte par les constructions religieuses, on peut l'en distinguer – alors que le libéralisme rejette l'éthique avec le christianisme. Le projet des Lumières de construire une science morale, au sens fort, sur le modèle de la science physique a été poursuivi par les sciences humaines. L'anthropologie, avec Claude Lévi-Strauss, identifie la « nature » humaine : c'est la culture que tous les hommes ont en commun. Il s'avère que, sous diverses formes, tous les hommes ont mis en place une même loi, celle de la prohibition de l'inceste. De même, le meurtre a été ritualisé et le parricide interdit.

Ces lois, dont dérivent toutes les autres, reposent sur des vérités garanties par un savoir. Celui de la différence des sexes, du rôle de la mère et du père dans la génération de la vie.

Sans vérité, pas d'éthique.

### *Un libéralisme sans capitalisme ?*

À l'heure où le capital financier mène le jeu, peut-on essayer de penser cette absurdité : un libéralisme sans capitalisme ? de découpler liberté et propriété, c'est-à-dire désengluer la liberté du caca propriétaire et de la mégalomanie sadique ? Peut-il exister une liberté pour l'un et l'autre, chacun acceptant que l'autre lui fasse la loi, la loi de son désir ? Il s'agirait alors non plus d'une loi marquée par la logique capitaliste, mais d'une loi montrant le chemin pour parvenir à l'autre, source de fécondité – une éthique de la fertilité réglée par la différence de l'autre, jamais réduit à un avoir.

Alors, le commerce humain privilégierait le don gratuit dans le respect des règles plutôt que l'intérêt pour soi dans le refus des lois.

La logique du don gratuit est une logique génitale qui n'est pas sans faire penser au rituel du don, décrit par Marcel Mauss[29] comme une spontanéité répondant à une règle implicite. Alors, la générosité du donateur entraîne, sans que ce soit jamais reconnu, l'obligation pour le donataire de rendre plus. C'est dire qu'on ne peut être satisfait qu'en satisfaisant l'autre. Marcel Mauss voit dans cette paradoxale obligation de générosité le socle commun à toutes les morales humaines.

La logique de l'intérêt pour soi, à l'inverse, nous renvoie à la logique anale : impérialisme infantile et opposition à toute limitation – goût pour l'accumulation des matières capitales[30].

## *La différence des sexes dans la société*

Reconnaître la différence des sexes dans la société, ce serait dépasser la lutte des classes et le capitalisme. Sortir de la logique sadique-anale de la domination, de la dictature d'une classe sur l'autre que l'on pourrait traduire par la formule $1+1=1$, selon laquelle l'autre est celui dont je profite (dont je me nourris) et que j'élimine par absorption. Sortir de la logique de l'« en-plus ». Reconnaître que les groupes sociaux sont différents, comme peuvent

29. *Essai sur le don*, in *Sociologie et anthropologie*, PUF, 1966.

30. Capital : du latin *caput*, « tête ». Il fut un temps où la richesse se calculait en nombre de têtes de bétail, ou encore (version chrétienne) en nombre d'âmes.

l'être un homme et une femme, que tous sont nécessaires pour qu'existe une collectivité et pour qu'elle soit féconde. Passer à une rationalité symbolique selon laquelle 1 + 1 = 3.

Cette logique n'est pas nouvelle ; on la retrouve dans l'idée démocratique, où il s'agit bien de composer des différences pour créer un souverain bien collectif. Une idée ancienne, qui existe depuis qu'il y a des hommes et des femmes, mais qui n'a pas encore vraiment tracé son chemin…

La démocratie repose sur la reconnaissance d'une vérité, celle de l'existence et de la différence des groupes sociaux qui composent la collectivité. Une vérité qui conduit à une éthique, puisqu'elle ne se limite pas à admettre le droit à l'existence (à la tolérance dans quelque ghetto), comme on pourrait le dire dans une logique du droit de l'homme ; elle atteste du fait qu'il faut et l'un et l'autre pour que la collectivité existe. Elle reconnaît la dignité de chaque groupe et en soutient le respect. Ce à quoi s'oppose le libéralisme dans la cité comme dans l'entreprise.

## *Le sujet collectif à venir*

Pourquoi ne pas étendre la formule freudienne *Wo es war, soll ich werden* (Où Ça était, le Je doit advenir[31]) de l'individuel au collectif ? Avec l'instau-

31. Cette formule résume le trajet analytique : si certains conflits d'ordre inconscient viennent à la parole, autrement dit passent du *ça* au *moi*, ils ne sont plus « hors sujet » (hors du sujet conscient). Alors, de symptômes sources de souffrance qu'ils étaient, ils deviennent une force qui permet d'aimer et d'œuvrer.

ration d'une réelle démocratie peut advenir un sujet collectif. Ce qui implique que le lien entre représentés et représentants ne soit plus arbitraire mais régi par les idéaux de justice et de vérité ; autrement dit, que les groupes qui composent le collectif, enfin reconnus dans leur différence, trouvent une solution démocratique (toujours à refaire) – on pourrait dire post-libérale [32] – à leurs nécessaires conflits (de même que les pulsions trouvent à composer entre elles pour que l'individu vive dans un certain « équilibre » dynamique).

C'est dire aussi que le sujet (collectif comme individuel), autant qu'une réalité, est une valeur, car il est toujours à venir. Il reste toujours et encore divisé, au travail dans un processus d'individuation constitué d'événements que l'on appelle l'histoire, individuelle ou collective (l'une n'allant pas sans l'autre).

S'il y avait une fin de l'histoire, elle coïnciderait avec la réalisation du sujet. Elle verrait la disparition de tout conflit et l'unité dans la transparence à soi-même – c'est-à-dire la mort.

---

32. Le livre de Samuel Bowles et Herbert Gintis, *La Démocratie postlibérale : essai critique sur le libéralisme et le marxisme* (La Découverte, 1987) ouvre des pistes sur ce sujet.

# Bibliographie

ARENDT Hannah, *Les Origines du totalitarisme*; vol. 2 : *L'Impérialisme*, Seuil, 1998.

BAAS Bernard, *Le Désir pur : parcours philosophiques dans les parages de J. Lacan*, Peeters, 1992.

BAIROCH Paul, *Mythes et paradoxes de l'histoire économique*, La Découverte, 1994.

BENTHAM Jeremy, *Introduction aux principes de la morale et de la législation* (1789).

—, *Déontologie* (publié en 1834).

BOUDON Raymond, « Individualisme méthodologique », *Encyclopedia Universalis*.

BOURGUINAT Henri, *Finance internationale*, PUF, 1999.

BOWLES Samuel et GINTIS Herbert, *La Démocratie postlibérale : essai critique sur le libéralisme et le marxisme*, La Découverte, 1987.

CAILLÉ Alain, *Critique de la raison utilitaire,* La Découverte, 1989.

—, *Don, intérêt et désintéressement : Bourdieu, Mauss, Platon et quelques autres,* La Découverte/MAUSS, 1994.

—, *Anthropologie du don : le tiers paradigme*, Desclée de Brouwer, 2000.

CASTORIADIS Cornélius, *L'Institution imaginaire de la société,* Seuil, 1975.

—, *La Création humaine*, vol. 1 : *Sujet et vérité dans le monde social-historique*, Seuil, 2002.

CASTORIADIS-AULAGNIER Piera, « La perversion comme structure », *L'Inconscient*, n° 2, 1967.

CERTEAU Michel DE, *Histoire et psychanalyse entre science et fiction*, Gallimard, 1987.

CONDILLAC Étienne DE, *Le Commerce et le Gouvernement*, Slatkine, 1980.

DEJOURS Christophe, *Souffrances en France : la banalisation de l'injustice sociale*, Seuil, 1998.

DELEUZE Gilles, *Présentation de Sacher-Masoch : la Vénus à la fourrure*, Minuit, 1967.

DIXON Keith, *Les Évangélistes du marché*, Raisons d'agir, 1998.

DUBY Georges, *Les Trois Ordres ou l'Imaginaire du féodalisme*, Gallimard, 1978.

DUMONT Louis, *Essais sur l'individualisme : une perspective anthropologique sur l'idéologie moderne*, Seuil, 1983.

DUPUY Jean-Pierre, *Introduction aux sciences sociales : logique des phénomènes collectifs*, Ellipses, 1992.

DURKHEIM Émile, *De la division du travail social*, PUF, 1998.

EIGUER Alberto, *La Jouissance et la Domination : des perversions sexuelles aux perversions morales,* Odile Jacob, 2001.

ELIAS Norbert, *La Société des individus*, Fayard, 1991.

ENRIQUEZ Eugène, *De la horde à l'État : essai de psychanalyse du lien social*, Gallimard, 1983.

—, « Le pouvoir et la mort », *Topique*, n° 11-12.

FORRESTER Viviane, *L'Horreur économique*, Fayard, 1996.

FRANÇOIS Ludovic, CHAIGNEAU Pascal et CHESNEY Marc, *Criminalité financière,* Éditions d'Organisation, 2003.

FREUD Sigmund, *L'Homme Moïse et la Religion monothéiste : trois essais*, Gallimard, 1948.

—, *Trois essais sur la théorie sexuelle*, Gallimard, 1962.

—, *Psychologie collective et analyse du moi*, in *Essais de psychanalyse*, Payot, 1963.

—, « Pour introduire le narcissisme », in *La Vie sexuelle*, PUF, 1969.

—, *Malaise dans la civilisation*, PUF, 1971.

—, *Caractère et érotisme anal*, in *Névrose, psychose et perversion*, PUF, 1973.

—, *Angoisse et vie pulsionnelle*, in *Nouvelles conférences d'introduction à la psychanalyse*, Gallimard, 1984.

—, *Totem et Tabou : quelques concordances entre la vie psychique des sauvages et celle des névrosés*, Gallimard, 1993.

FRIEDMAN Milton, *Capitalism and Freedom*, University of Chicago Press, 1982.

GAUCHET Marcel, *La Religion dans la démocratie : parcours de la laïcité*, Gallimard, 1998.

—, *La Démocratie contre elle-même,* Gallimard, 2002.

GAURON André, *L'Empire de l'argent : essai sur l'essence de la mondialisation*, Desclée de Brouwer, 2003.

GOUX Jean-Joseph, *Frivolité de la valeur : essai sur l'imaginaire du capitalisme*, Blusson, 2000.

GUATTARI Félix, « Réflexions quelque peu philosophiques sur la psychothérapie institutionnelle », *Recherches*, n° 1, 1966.

HABERMAS Jürgen, *La Technique et la Science comme idéologie*, Denoël, 1973.

—, *Connaissance et intérêt*, Gallimard, 1976.

—, *L'Éthique de la discussion et la question de la vérité*, Grasset, 2003.

HAYEK Friedrich VON, *Individualism and Economic Order*, University of Chicago Press, 1980.

—, *La Route de la servitude*, PUF, 1985.

—, *La Constitution de la liberté*, Litec, 1994.

—, *Droit, législation et liberté*, PUF, 1995.

HÉNAFF Marcel, *Le Prix de la vérité : le don, l'argent, la philosophie*, Seuil, 2002.

HÉSIODE, *Les Travaux et les Jours*, Les Belles Lettres, 1991.

HOBBES Thomas, *Léviathan*, Gallimard, 2000.

HOBSBAWM Eric J., *L'Âge des extrêmes : le court XXe siècle, 1914-1991*, Complexe, 1999.

HUGO Victor, *Les Misérables*, Gallimard, coll. « Bibliothèque de la Pléiade », 1976.

HUME David, *L'Indépendance du parlement* (1741).

KAUFMANN Pierre, *L'Inconscient du politique*, Vrin, 1988.

LA RIVIÈRE [Le Mercier] DE, *L'Ordre naturel et essentiel des sociétés politiques*, 1767.

LABARDE Philippe et MARIS Bernard, *Ah Dieu, que la guerre économique est jolie !*, Albin Michel, 1998.

LASCH Christopher, *La Révolte des élites et la Trahison de la démocratie*, Climats, 1996.

—, *La Culture du narcissisme*, Climats, 2000.

—, *Le Seul et Vrai Paradis : une histoire de l'idéologie du progrès et de ses critiques*, Climats, 2002.

LEBRUN Jean-Pierre, *Les Désarrois nouveaux du sujet*, Eres, 2001.

LEGENDRE Pierre, *Le Crime du caporal Lortie : traité sur le Père*, Fayard, 1989.

—, *La Fabrique de l'homme occidental,* Mille et Une Nuits, 1996.

—, *De la société comme texte : linéaments d'une anthropologie dogmatique,* Fayard, 2001.

LÉVI-STRAUSS Claude, *Les Structures élémentaires de la parenté*, De Gruyter, 1967.

LOCKE John, *Traité du gouvernement civil*, Garnier-Flammarion, 1992.

LORDON Frédéric, *La Politique du capital*, Odile Jacob, 2002.

—, *Et la vertu sauvera le monde*, Raisons d'agir, 2003.

LOURAU René, *L'Analyse institutionnelle*, Minuit, 1970.

MAGRIS Claudio, *Utopie et désenchantement*, Gallimard, 2001.

MAILLARD Jean DE et GRÉZAUD Pierre-Xavier, *Un monde sans loi*, Stock, 1998.

MANDEVILLE Bernard DE, *La Fable des abeilles*, Vrin, 1991.

MANENT Pierre, *Les Libéraux*, Gallimard, 2001.

MARIS Bernard, *Lettre ouverte aux gourous de l'économie qui nous prennent pour des imbéciles*, Albin Michel, 1999.

MARX Karl et ENGELS Friedrich, *La Sainte Famille*, Éditions sociales, 1969.

MARX Karl, *Le Capital*, Éditions sociales, 1974.

MAUSS Marcel, *Essai sur le don*, in *Sociologie et Anthropologie*, PUF, 1966.

MELMAN Charles, *L'Homme sans gravité*, Denoël, 2002.

MEYRONNIS François, « Le microbe vierge », *L'Infini*, n° 80.

MICHÉA Jean-Claude, *Impasse Adam Smith : brèves remarques sur l'impossibilité de dépasser le capitalisme sur la gauche*, Climats, 2002.

MILL John Stuart, *Principes d'économie politique* (1848).

MIRANDA Luis DE, *Ego trip : la société des artistes sans œuvres*, Max Milo Éditions, 2003.

MOSCOVICI Serge, *La Machine à faire des dieux : sociologie et psychologie*, Fayard, 1988.

NELSON Benjamin, « Max Weber on Church, Sect and Mysticism », *Sociological Analysis*, Nelson, 1973.

NIETZSCHE Friedrich, *Aurore : pensées sur les préjugés moraux*, Gallimard, 1970.

ORWELL George, *La Ferme des animaux*, Gallimard, 1983.

PASSET René, *L'Illusion néolibérale*, Fayard, 2000.

POUILLON Jean, « Fétichisme sans fétichisme », *NRP*, n° 2, 1970.

RENAUT Alain, *L'Ère de l'individu : contribution à une histoire de la subjectivité*, Gallimard, 1989.

ROTHBARD Murray, *L'Éthique de la liberté*, Les Belles Lettres, 1991.

ROUSSEL Louis, *La Famille incertaine*, Odile Jacob, 1989.

SADE Donatien Alphonse François DE, *Français, encore un effort si vous voulez être républicains*, J.-J. Pauvert, 1965.

—, *La Philosophie dans le boudoir*, 10-18, 1972.

SAINT AUGUSTIN, *La Cité de Dieu*, Gallimard, 2000.

SAINT-ONGE Jean-Claude, *L'Imposture néolibérale : marché, liberté et justice sociale*, Écosociété, 2001.

SAINT THOMAS D'AQUIN, *Commentaire de l'Éthique à Nicomaque*, traduction d'Yvan Pelletier (www.thomas-d-acquin.com).

—, *La Somme théologique*, Cerf, 1984.

SAY Jean-Baptiste, *Le Catéchisme d'économie politique,* in *Œuvres diverses*, Guillaumin, 1848.

SCHNEIDER Michel, *Big Mother : psychopathologie de la vie politique*, Odile Jacob, 2002.

SIBONY Daniel, *Perversions : dialogues sur des folies « actuelles »*, Grasset, 1987.

SIMMEL Georg, *Philosophie de l'argent*, PUF, 1987.

SIMONDON Georges, *L'Individuation psychique et collective,* Aubier-Montaigne, 1989.

SLOTERDIJK Peter, *Critique de la raison cynique,* Christian Bourgois, 1987.

—, *Essai d'intoxication volontaire*, Calmann-Lévy, 1999.

SMITH Adam, *Théorie des sentiments moraux* (1759).

—, *Recherches sur la nature et les causes de la richesse des nations*, Guillaumin, 1859.

STIGLITZ Joseph E., *La Grande Désillusion*, Fayard, 2002.

THATCHER Margaret, *Les Chemins du pouvoir. Mémoires*, Albin Michel, 1995.

TOCQUEVILLE Alexis DE, *De la démocratie en Amérique*, Garnier-Flammarion, 1981.

—, *Travail sur l'Algérie*, in *Œuvres complètes*, Gallimard, coll. « Bibliothèque de la Pléiade », 1991.

VERGARA Francisco, *Les Fondements philosophiques du libéralisme*, La Découverte, 1992.

WALRAS Auguste, *De la nature de la richesse et de l'origine de la valeur*, Alcan, 1832.

ZAGDOUN Roger, *Œdipe le garçon, la prohibition de l'inceste et la fonction paternelle*, Encre, 1979.

—, *Droite et gauche, paranoïaques et déprimés*, Encre, 1986.

—, *Hitler et Freud, un transfert paranoïaque, ou la Genèse incestueuse d'un génocide et les persécutions aujourd'hui*, L'Harmattan, 2002.

*Cet ouvrage a été réalisé en Times par Palimpseste à Paris.*

www.ingramcontent.com/pod-product-compliance
Lightning Source LLC
LaVergne TN
LVHW011451061026
849535LV00004BA/1038